A PÉNZ HAZUGSÁGAI:

KI VAGY TE?

DR. LISA COONEY

AJÁNLÁSOK

Egyszerűen a legjobb!

Dr. Cooney kiváló terapeuta, együttérző és segítőkész módszerekkel. Kiváló forrás mindenkinek, akinek segítségre van szüksége, és nagyszerű támogatást nyújt a függőségből való felépüléshez is.

Dr. Lisa nagyon jól megfelelt annak, amit kerestem és amire szükségem van egy terapeutától. Kihívást jelent, amikor kihívásra van szükségem, meghallgat, amikor hallgatóságra van szükségem, és az ülések között is ellenőrzi, hogy biztosan haladok-e. Az a benyomásom, hogy az egyéni szükségleteim alapján testre szabja az üléseinket, ami bizalmat ad a képességei iránt, és segít abban, hogy megbízzak a tanácsaiban.

Dr. Lisa (ahogyan általában hívják) egy tehetséges terapeuta gyógyító/gyakorló, aki valóban képes pontosan azt irányítani, amire minden egyes kliensének szüksége van, legyen az hagyományos beszélgetőterápia vagy valami más, a kitaposott ösvényen kívüli. Kiváló hallgatóság, empatikus, intuitív és szimpatikus. Együtt érez veled a dolgokat. Azért dolgozik, hogy megértsen.

Dr. Cooney nagyon figyelmes, és olyan terápiás formátumot biztosít, amely megfelel az elvárásaimnak, hogy hogyan kell felépíteni a terápiát, hogy értéket találjak benne. Meghallgatta a kívánt eredményeimet, és azokat a dolgokat, amelyek a múltban beváltak nekem, és úgy módosította az üléseink megközelítését, hogy megfeleljen ezeknek a kéréseknek. Az üléseink között időnként utánajár, hogy ellenőrizze a helyzetet, és úgy vélem, hogy ez túlmutat azon, hogy mennyi pácienssel kell foglalkoznia. Ő is módosította a beosztását, hogy beilleszkedjen, amikor néhány nappal a tervezett ülésünk előtt konfliktusom adódott, és gyorsan át tudta ütemezni, hogy ne maradjak le a fejlődésemben. Összességében nagyon ajánlom Dr. Cooney-t a professzionalizmus/személyre szabottság kombinációja és az egyértelmű szakértelme miatt a témakörökben, amelyeket meg akartam beszélni.

Dr. Lisa empatikus, megértő és hihetetlenül hatékony. Soha nem volt még ilyen jó kapcsolatom terapeutával. Őszintén meglepett, hogy milyen jól és milyen gyorsan képes volt megérteni és segíteni nekem. Nem tudom eléggé ajánlani őt, valóban segített abban, hogy jobbá váljon az életem.

KÖSZÖNETNYILVÁNÍTÁS

Köszönöm minden kultúrának, országnak és embernek, akik meghívtak, hogy segítsem ezt a Pénz hazája workshopot a szülőföldjükön. Nagy megtiszteltetés volt, hogy megkönnyíthettem a változást az Önök nyelvén, az Önök országában és a pénzzel való kapcsolatukban, előre és hátrafelé.

A kulturális és etnikai pénzügyi ketrecből való kiszabadulás legalább olyan fontos, mint a saját pénzügyi valóságunk megteremtése. A visszaélésnek, bármilyen formában, nincs helye ezen a bolygón. Ebbe beletartozik az a bántalmazás is, amit magaddal teszel azzal, hogy valaki más vagy a pénzeddel, mást gondolsz magadról, és megveszed azt a narratívát, ami soha nem illett rád. Változtasd meg magad, és megváltoztatod a körülötted lévő világot.

Most menjetek, és fogadjátok el, amit az univerzum hajlandó adni. Vegyétek meg, bármi is legyen az! Merem kockáztatni...

*Ezt a könyvet mindazoknak ajánlom, akik **a** pénzzel küzdenek.*

Mindannyiótoknak, akik úgy érzitek, hogy az adósság vagy a pénzügyi gondok, amelyekben vagytok, egy nagy fekete lyuk, amelyből soha nem fogtok kimászni, vagy túljutni rajta.

Mindazok számára, akik elveszettnek, zavarodottnak, mozdulatlannak, rémültnek és tehetetlennek érzik magukat a pénzügyi valóság megváltoztatásával kapcsolatban, ezeket a szavakat jelzőfényként osztom meg veletek, hogy átlássatok. Te

másképp is dönthet.

Olyan életet élhetsz, amilyenre vágysz.

Létrehozhatod a pénzt, készpénzt, valutákat, befektetéseket és nyaralásokat, amit csak szeretnél.

Válassz Te

Kötelezd el magad

Működj együtt azokkal, akik összeesküvést szőnek, hogy megáldjanak téged.

megteremtsenek téged.

BEVEZETÉS

Most egy aranybánya van a kezedben.

Legalábbis egy egész halom készpénzt és pénzt - amelyiket csak akarod (mert mint azt már több ezer ügyfélnél tapasztaltam szerte a világon, van különbség).

De ez a könyv nem csak a pénzről szól... Hanem a pénz hazugságairól.

És, őszintén szólva, ha nem jutsz a végére, akkor úgy tartanak téged, mint egy rúdhoz kötött labdát egy madzagon, amely újra és újra ugyanazon a pályán kering.

Meglepő lehet, hogy ezeknek a pénz hazugságoknak semmi közük a tényleges készpénzhez vagy pénzhez, mégis mindenük ahhoz van, amit arra használsz, hogy megteremtsd a "pénzáramlást" - vagy annak hiányát - a bankszámládon, a portfóliódon, a befektetéseidben, a csekkfüzetedben és a zsebedben.

Más szóval, mindez az Ön pénzügyi valóságaként valósul meg.

Ez egy hatalmas vállalkozásnak vagy egy kicsit túlterhelőnek hangzik?

Ha igen, akkor örömmel fogod felfedezni, mint azok az emberek, akik személyesen vettek részt ezeken a workshopokon, hogy mindössze egy fokos váltás kell ahhoz, hogy elkezdj egy új pénzügyi valóságot teremteni magadnak.

És ezt bárki megteheti, beleértve téged is.

Amint látni fogjátok, amint bejutsz oda és megnézed, a hazugságok és korlátok ketrece zörögni kezd, majd összeomlik.

És akkor az igazság elkezd lenni. Hogyan kapcsolódik ez a pénzhez?

Mert a pénz energia, mint minden más. Mi is energia vagyunk. Testünk minden sejtjében van ATP, adenozin-trifoszfát. Ez a szellem energiája, a lelkünk nyomtatott energiája.

Mi egy formában érkezünk. A pénz egy formában jön. De mindannyian energia vagyunk, de mi ezt különválasztjuk ezekkel a hazugságokkal.

Nem a pénz a probléma - mi vagyunk.

Ennek semmi köze semmi külsőhöz, és minden ahhoz, ami benned van, és ahhoz, hogy milyen a hitrendszered. Ahhoz van köze, hogy mit gondolsz róla, mit vetítesz rá, mit teszel úgy, hogy jelentsen számodra, mi alapján határozod meg magad, és hogy megvan-e neked vagy sem.

Ez a könyv tele van olyan leckékkel, amelyeket az ország különböző részein tartott, a pénz hazugságairól szóló óriási workshopokból, vagy "kóstolókból", ahogy én neveztem őket, merítettem.

Sajnos vannak bizonyos pénzzel kapcsolatos hazugságok, amelyek alattomosan, generációról generációra szállnak az egyéneken, családjaikon és kultúráikon keresztül. Több mint 20 év magánpraxis, csoportos praxis és nemzetközi gyakorlat során azt tapasztaltam, hogy a pénz az egyik fő oka annak, hogy az emberek hozzám fordulnak (a többi az egészség és a kapcsolatok).

Kezdtem észrevenni, hogy volt egy minta az ügyfeleimnél, akiknek ugyanazzal a "problémával" kellett szembenézniük: tudtak pénzt teremteni, de soha nem tartották meg, vagy nem volt pénzük.

Mások úgy érezték, hogy nem tudnak pénzt teremteni - és ezért nem is lehet pénzük.

Ha ezt a könyvet olvasod, gyanítom, hogy valahol ezeken az oldalakon megtalálod a saját tapasztalataidat, és ennek eredményeképpen elkezded a saját egyfokozatú váltásodat. És ha ez megtörténik, akkor én elvégeztem a munkámat.

Mert a pénz hazugságai valójában e három kérdéssel való szembesülésről szólnak:

- *Ki vagyok én?*
- *Mi vagyok én?*
- *Milyen hazugságot veszek be, amit igazzá tettem?*

Hidd el, ez nem a gyengéknek való munka.

De ez azoknak szól, akik készen állnak arra, hogy megéljék a ROAR®-jukat - amit én Radically Orgasmically Alive Reality-nek hívok.

Ez a munka a benned lévő gonosz ROAR®-nak szól, amely azt mondja: "Elég volt. Nem éri meg többé a hazugságok mögé bújni".

És tudod, ez tényleg nem az. Szóval, gyere a pénzedért...

Mert a kezedben lévő pénz megváltoztatja a világot.

És tudod, ez tényleg nem az. Szóval, gyere a pénzedért...

Mert a kezedben lévő pénz megváltoztatja a világot.

1

———

A NULLÁRA BÁMULVA

"Ma este csak egy kis ízelítőt adok a pénz hazugságaiból" - emlékszem, hogy ezt mondtam az élénk közönségemnek Mauin, amikor elmentem oda egy workshopra A pénz hazugságai címmel. Ez egy ötnapos, szigorú workshop volt, ahol megpróbáltuk levetkőzni a trauma, az ítélkezés, az önbírálat és még sok más rétegét és rétegét mindazoknak az embereknek, akik eljöttek az élményért. Mindig kiváltság és hatalmas felelősség, amikor az emberek beléd vetik a bizalmukat, és azt várják, hogy a legbelsőbb sebeik a te erényeddel gyógyuljanak meg. És az, hogy megoszthatom ennek a workshopnak a történetét, egy újabb áldás, amely lehetővé teszi számomra, hogy kapcsolatba kerüljek veletek, az olvasóközönségemmel. Szóval itt is vagyunk...

Olyan érdekes, amikor a pénzről beszélünk, mert ez a megrekedtség energiáját hozza magával. A pénznek három fő hazugsága van, és ha megnézitek őket, rájöttök, hogy ezek a bennetek lévő feltételezések azok, amelyek megteremtik azt a pénzügyi valóságot, ami valójában nem ti vagytok.

De te azt hiszed, hogy te vagy az.

Ez egy pillanatra megakaszthatja az elmédet, és lehet, hogy elveszettnek érzed magad.

Remélem, hogy ezt olvasva kitágul az elmétek, mert amit mindannyian tettünk magunkkal a pénz témája körül, az valójában a kreatív fenomenális zsenialitásunk radikális megszüntetése.

Mit ad tehát a pénz ebben a valóságban? Szabadságot ad neked? Lehetővé teszi, hogy jó döntést hozzon? Ad valami fényűzést? Mit ad még? Nevetést?

Valószínűleg azt gondolja, hogy biztonságot, szórakozást, luxust és így tovább. És ezt mondták a résztvevőim Mauin.

Valóban, ez a valóság a pénz által működik, mégis oly sok ember tartotta távol magától a pénzt sokféle hazugság miatt. Én pedig három ilyen hazugsággal fogok foglalkozni, amelyek úgy működnek, mint egy lyuk a zsebedben.

Most pedig képzeljük el a pénzt. Én személy szerint biztonságban tartom a pénzemet a pénztárcámban, gyakran százdolláros bankjegyek kíséretében, amelyeket egy 14 karátos arany pénzcsipesz tart össze. Elég nehéz - még a szél sem söpri el.

Amikor ránézek erre a biztonságosan tartott pénzre, boldoggá tesz. Amikor a kezemben tartom, erősnek érzem magam. Kreatívnak érzem magam. Felemelő érzés, amikor egy kicsit bevásárolok, és felhasználom a pénz egy részét.

Amikor a pénztárcámban tartom ezt a pénzt, tudom, hogy bármi lehetséges. Amikor a tükörbe nézek, tudom, hogy bármi lehetséges. Amikor az óceánra nézek, tudom, hogy bármi lehetséges.

A legtöbben azonban úgy tekintünk a pénzre, hogy azt hisszük, minden lehetetlen, ha nincs pénzünk.

Ez tehát a pénz első hazugsága: Sokan közülünk azt hisszük, hogy ennek a papírdarabnak hatalma van felettünk, hogy erősebb nálunk, több nálunk. Hogy hatalma van felettünk. Az övéi vagyunk.

Nézd meg, hogyan nézel most rá. Nézd meg, mi jön fel a testedben, ahogy most ránézel. Figyeljetek az elmétekre és arra, hogy mit mondtok valójában, ahogy látjátok:

- *Mire gondolsz?*
- *Mit ítélsz meg?*
- *Mit döntöttél?*
- *Mire jutottál?*
- *Mit számoltál ki? És...*
- *Talán mennyire konfiguráltátok úgy, hogy a pénz e valóság istene, aki előtt le kell borulnotok és hűséget kell fogadnotok, hogy megkapjátok?*

Ez hazugság.

Semmit sem kell tenned vagy lenned ahhoz, hogy ez itt legyen. Egyszerűen csak azt kell választanod, hogy az legyél vagy azt tedd, ami neked való. Ez tehát a pénz első hazugsága.

A második hazugság valahogy így hangzik: Tegyük fel, hogy elvitted a pénzed a párkapcsolati tanácsadásra. Leteszed a pénzt a székre - és nálad van a széked -, a terapeuta pedig arra utasít téged és a pénzedet, hogy beszélgessetek egymással a kapcsolatotokról, "én" üzenetekkel.

Ha beszélne hozzád, mit mondana neked? Milyen jól bánna veled? Vajon a szerető az, aki a kanapén alszik, és ezért valójában nem is a szerető?

Az, aki elhagy téged, és inkább elmegy a bárba a barátaival lógni, ahelyett, hogy veled lenne? Vagy az, aki lelép és elmegy a bárba, hogy a barátaival legyen, és nem vele akar lenni? El tudnád egyáltalán képzelni, hogy a pénz lenne a szereted?

Ez a második hazugság, amiről beszélni fogunk, hogy a pénz az elkövetőd, a börtönőröd, és te a rabszolgája vagy. És hogy ha nincs nálad, akkor nem tudsz azon túl választani, amit most választasz. Hogy soha nem fogja megadni neked azt, amire szükséged van.

Ebben a hazugságban mindig kritizálni fogod. Mindig szkeptikus leszel vele szemben. Soha nem fogsz bízni benne. Meg akarod majd csalni. Meg akarsz majd belőle tombolni. Soha nem fogod megmenteni. Soha nem lesz meg. Mindig el fogod költeni. Soha nem fogod úgy dönteni, hogy körülveszed magad vele.

Észrevetted, hogy van egy téma ebben az egészben? Ez a téma mindannyiunkban, mindannyiótokban ott van.

Az első hazugság tehát az, hogy a pénz az isten, és ti kevesebbek vagytok. A második hazugság az, hogy a pénz a te elkövetőd, az örök börtönőröd, és nem lehet a tiéd.

És mi a harmadik hazugság? Ki tudod találni?

Amikor ezt a kérdést feltettem a workshopomon, minden résztvevőnek megvolt a maga egyedi válasza, és egyik sem volt rossz. Így aztán olyan dolgokkal válaszoltak, mint például: "Soha nem lesz elég pénzed".

"A pénz gonosz.

"Keményen meg kell dolgozni érte.

"Pénzzel nem lehet szerelmet venni.

És mindezek száz százalékosan pontosak és igazak az emberek számára, akik érzik, és ami igaz ebben a valóságban. Ezek a hazugságok egész hitrendszereket alkotnak. Ezek ítéleteket alkotnak. Olyan dolgok, amelyekről döntöttünk, ítélkeztünk, következtetéseket vontunk le, kiszámítottuk és konfiguráltuk a valóságunkat, beleértve a bankszámlánkat, a kapcsolatainkat, a testünket, a munkánkat, a házimunkát, a ruháinkat és mindent, ami a kettő között van.

Ők határozzák meg, hogy mikor mehetünk Hawaiira, mikor nem, mit együnk, mikor mehetünk a Whole Foodsba vagy a Safewaybe, vagy bármi másba.

De ezek mind hitrendszerek.

A harmadik hazugság az, hogy a *pénz probléma*.

Nem a pénz a probléma - mi vagyunk. Az, hogy mit gondolunk róla, mit vetítünk rá, mit jelent számunkra, mi alapján határozzuk meg magunkat, akár van pénzünk, akár nincs.

Ez nem az összes pénz hazugság, de ez a három pénz hazugság, ami nagyon világosan eljutott hozzám a személyes utam során. És ezek alkotják e könyv magját.

2

A MÉLYPONTON

Akár láttál már beszélni, akár még soha nem láttál, valószínűleg tudod, hogy általában egy struktúrával vagy vázlattal kezdek, amiről beszélni fogok, majd tíz perccel az óra előtt kidobom a szemétbe, mert összekapcsolódom azzal az energiával, ami és aki bejön és megjelenik.

Figyelek arra, amit a testek, a lények - az összes résztvevő energiája együttesen - hallanak és szeretnének hallani. Ez sokkal fontosabb, mint bármilyen vázlat, legalábbis számomra, amit ki tudnék találni. És aztán mindig, még ha ki is dobtam, a struktúra és a koherencia kedvéért vissza is kötöm.

Hogyan csináljam ezt? Részben a pszichológus és terapeuta, valamint trauma- és szomatikus gyógyítói engedélyemből és címeimből fakad. Nemzetközi szinten utazom, rádióműsorom van, és workshopokat tartok - testmunka, energiamunka - szerte a világon.

De van még néhány dolog, ami megkülönböztetett engem attól, hogy képes vagyok bejönni egy osztályba, kidobni a vázlatomat, és beszélni és beszélni ahhoz, ami itt van a teremben - és ez az energián alapul. Hogy válaszoljak a hogyanra, hadd osszam meg veletek néhány dolgot, ami kitörölhetetlen nyomot hagyott bennem.

Körülbelül 15 évvel ezelőtt életveszélyes betegséget diagnosztizáltak nálam. Ekkor jöttem rá, hogy nagy problémám van a pénzzel. Ha megbetegszel, akkor rájössz, hogy az amerikai egészségügyi ellátás nem fedezi a természetgyógyászati választásaidat. Könnyen beválthatod a nyugdíjadat, a házadat, a befektetéseidet, a portfóliódat, és így tovább és így tovább. És pontosan ezt választottam tudatosan, és még mindig itt vagyok.

Amikor először diagnosztizálták, az orvos azt mondta, hogy a legjobb, amit tehetek, hogy életem végéig gyógyszereken élek, és hogy ki kell vágnom egy-két szervet, talán hármat vagy négyet is, ha már ott vannak. Ki gondolta volna? Szóval három lehetőséget adtak: megölni, gyógyszeres kezeléssel élni, vagy kivenni.

Akkoriban éppen 30 éves voltam, és azt mondtam az endokrinológusnak: "Nos, kell lennie más lehetőségnek is".

Soha nem fogom elfelejteni őt, mert ő volt az egyik fő oka annak, hogy energetikai eszközökhöz fordultam, hogy gyógyuljak, változtassak és más döntéseket hozzak az életemben - más lehetőségeket - az életemben fizikailag, érzelmileg, spirituálisan, pénzügyileg és energetikailag.

Azt mondta, hogy nincs más választásom. Semmi más nem volt lehetséges.

Ezért kisétáltam, és soha többé nem láttam őt, ami elvezetett a Theta Healing® Intézethez (most Montanában van), ahol három hónapig maradtam.

Három héten belül meggyógyítottam a betegséget. Kicsit tovább tartott, amíg az egész testet meggyógyítottam az összes problémából. Ennek az az oka, hogy az energiagyógyítás és a természetgyógyászat holisztikusan, az egész testet tekintve vizsgálja.

Másrészt az endokrinológus allopátiás orvoslással csak az endokrin rendszert és a test néhány kapcsolódó szervét és rendszerét vizsgálja. Nem feltétlenül mondok rosszat az endokrinológusokról vagy az allopátiás orvoslásról. Én még mindig használom őket. Ez csak az én tapasztalatom.

Amikor meghoztam ezt a döntést, és láttam, hogy mi történhet az energiával, tudtam, hogy valami más is történik ebben az életben energetikailag. Ezért döntöttem úgy, hogy az egész praxisomat megváltoztatom, és a hagyományos pszichológiai terápiáról és a heti ülésekről átállok a csoportos facilitációra, az energiamunkára, az energiagyógyításra, és arra, hogy belemerüljek a hitrendszerekbe és a korlátokba, amelyeket pszichésen és pszichológiailag gondolunk, és amelyek a testben lévő betegségeket és disz-betegségeket okozzák.

Oké, de hogyan kapcsolódik mindez a pénzhez?

Nos, több pénzt kellett keresnem. Körülbelül egymillió dollárba került, hogy meggyógyítsam magam. Elég beteg voltam. Hetente talán kétszer-háromszor, napi nyolc órát voltam a természetgyógyász rendelőjében, ahol ezt-azt kivizsgáltak. Injekciók, infúziók, minden. És ezzel egy időben az intézetbe utaztam, hogy megszerezzem a mesterdiplomámat - mert természetesen szükségem volt egy újabb diplomára.

De mindeközben láttam, hogy ez a számla egyre csak gyűlik, a nyugdíjam pedig csökken. Láttam, hogy a ház és a föld, amit építeni akartam, a terv, és minden, amit az életemre kitűztem, 30 évesen kezdett elszállni. Azt hittem, hogy ez a vég.

És akkor jött az igazi vég... Nulla.

Talán tudod, mire gondolok.

A bankszámlám, igen.

Elértem a "nulla" pontot, és megrémültem. New Yorkban nőttem fel. Apám nagyon keményen dolgozott, amikor ingatlanügynök volt. Főiskolára juttatott minket. Mindig volt munkánk. Mindig dolgoztunk. Mindig volt saját pénzünk. Mindig tanultunk. Megtanított minket, hogyan kell spórolni, mit kell csinálni, minden ilyesmit.

Nem ismertem a "nullát"... soha.

Kilencéves korom óta dolgozom. Imádtam a kis újságkihordásomat. Anyukámnak volt egy fából készült kombija, és ő vitt minket. Mindenesetre jó móka volt. És imádtam a karácsonyt. Tudod, a karácsonyi borravalót.

Szeretem a pénz illatát. Szeretem a pénz ízét. Szó szerint megkóstolnám és megszagolnám. A főiskolai nyaraim alatt a bankban dolgoztam; minden pénteken bejutottunk a páncélterembe. Ott ültem, és csak szagoltam és belélegeztem a pénzt.

Apám vállalkozó volt. Én is vállalkozó vagyok. Húszvalahány éves korom óta nem dolgoztam senkinek.

Nagyon fiatalon azt mondta nekem: "Lisa, ez nem csak a férfiak világa. Ez a nők világa. Csak azt csináld, amit szeretsz. Mindig magadnak dolgozz. Légy a saját főnököd, menj ki és keress milliókat."

Szegény brooklyni fiú volt. Futballösztöndíjat kapott a főiskolára, majd bevonult a hadseregbe, és így is tanult. Második generációs ír bevándorló volt. Anyám 2. generációs olasz bevándorló volt. A kemény munka a kultúra része volt. Az oktatás is a kultúra része volt. Mindannyian dolgoztak New Yorkban, ilyesmi.

Valójában Kaliforniába mentem, és inkább a Birkenstockot húztam fel, de a pénz volt a szerelmem. Szerelmi viszonyom volt a pénzzel. Tudod, milyen szaga van? Milyen az íze? Volt benne valami. És ezt tényleg az apámnak tulajdonítom. Ő mutatta meg nekem az alkuk kötésének, a szavunk követésének és a másokkal való együttműködésnek az erejét.

Egyszerre tizenhat vagy tizenhét különböző lakóháza volt. Az én feladatom az volt, hogy megszámoljam a pénzt, és az alagsori irodájában az asztalon keresztül készpénzkötegekbe rakjam. Semmi mást nem akartam csinálni. Nem akartam máshová menni. Az emberek mehetnek játszani. Elmehetnek öltözködni. Elmehetnek a plázába, azt csinálnak, amit akarnak, de én a pénz mellett akartam lenni. Érezni akartam az illatát, érezni az ízét. Ha magam köré tudtam volna venni, megtettem volna.

Aztán elértem a harmincat, és a bankszámlámon nulla volt.

Hol fogok élni, ha ez így megy tovább? Mit fogok enni? Mit fogok mondani anyámnak? Hogyan mondjam el apámnak?

Különösen, hogyan tudnék a tükörbe nézni? Úgy értem, akkor már megvolt a mesterdiplomám. Egy arizonai kezelőközpont terápiás koordinátora voltam. Kicsit össze voltam szedve.

Aztán megbetegedtem.

És amikor megbetegszel, az egész világod megváltozik.

Szóval újra és újra és újra meg kellett néznem a "o"-t - és tényleg választanom kellett, mert meg is halhatok.

Hazamehetnék, amibe belehalnék, de hazamehetnék.

Elmehetek egy barátomhoz. Eladhatnék mindent.

Folytathatnám a munkát. Tudtam volna keményebben dolgozni, de betegen nehéz volt dolgozni.

Szóval mit kellett volna tennem?

Ekkor kezdtem el kérdezni, hogy "Oké, hogy lehet valaki, aki olyan egészséges, hirtelen ilyen beteg?".

Biztosan nem voltam olyan egészséges. A betegség nem csak úgy egyik napról a másikra jelenik meg. Lehet, hogy egyik napról a másikra kapod meg a diagnózist, de egy betegség évek és évtizedek alatt alakul ki. Ekkor és így adta nekem az univerzum a jeleket. Abban a pillanatban tudtam, hogy meg kell változtatnom a valóságomat, beleértve a pénzügyi valóságomat is.

Voltak hazugságok, amelyek szerint éltem, és amelyek valahogyan létrehozták ezt a betegséget, és betegségként aktualizálódtak a testemben - valójában egy választási pont, hogy éljek vagy haljak meg. És mindez azért volt, mert elvették tőlem azt az egyet, ami soha nem volt meg.

Ha a pénzt nem vették el, és az a "nulla" nem jött, akkor ezt szeretném, ha megkapnád: Nem hallgattam volna rád. Folytattam volna, ahogy eddig éltem, mert nem volt semmi probléma, igaz?

Nos, úgy tűnik, hogy volt egy nagy probléma.

Hogy őszinte legyek, hajlamos voltam a pénzt felhalmozni. Bevallom, őszinte szeretettel viseltettem iránta. Tényleg. Hiszem, hogy amikor pénzt birtokolok és költök, akkor valaminek a tudatát befolyásolom.

Munkám során az egész világ megelevenedik - India, Hongkong, Tajvan, Hawaii, Kalifornia, Colorado,

Florida és minden más hely, ahol órákat tartottam. Amikor megtapasztalja a tudatosság egy pillanatát, az "aha" pillanatot, akkor jól elköltött pénz volt, hogy idehozott engem. Hozzájárul a tudatosság növekedéséhez. Még nem is tudom, mi fog történni, de valahogyan növelni fogja a bankszámlámat.

Valójában ez minden szinten növelni fog engem: energetikailag, pszichikailag, spirituálisan, pszichológiailag és anyagilag is. Mindent akarok. De nem csak magamnak akarom mindezt, hanem mindannyiunknak.

Ahogy korábban mondtam, ti vagytok azok az emberek, akikre szükségünk van ezen a Földön, és akikre nekem szükségem van, hogy legyen pénzem. Szükségem van rátok, hogy legyen pénzetek. Azt kívánom, hogy legyen pénzetek. Nem csak azért, hogy elköltsétek, hanem azért, hogy legyen, hogy megváltoztassátok a tudatosságot ezen a bolygón, mert nagyobb célom van, mint azok az emberek, akiket néhány órára látok.

Célom, hogy a bántalmazás minden formáját eltöröljem és felszámoljam erről a bolygóról, és biztosítsam, hogy minden egyén választhassa a radikális és orgazmikus életet.

Tudjátok, hogy mennyi pénzügyi visszaélés van ezen a bolygón? Hányan éltek már át pénzügyi visszaélést?

Bár apám megtanított mindezekre a dolgokra, a családomban is volt egy nagy hazugság.

Gyermekmodell voltam New Yorkban, és voltak kimondhatatlan tettek és események, amelyekben már nagyon fiatalon részt kellett vennem. Az emberek pénzt kaptak azokért a cselekedetekért, amelyekben kénytelen voltam részt venni, én pedig nem kaptam pénzt.

De ez 30 évvel később sokba került nekem.

Nem kell, hogy extrém történeted legyen. Néhányan rezonálni fognak arra, amit mondtam, és néhányan fogalmatok sem lesz róla. Nem azt mondom, hogy "Hé, gyertek ide, és éljétek át ezeket a tapasztalatokat".

De a pénz dolog, igen, szeretném, ha mindannyian megfürödnétek a pénzben. Vegyétek fel és tekerjétek körbe magatokat vele. Tulajdonképpen ez a ti házi játékotok: Hozzatok annyi százdollárost vagy ötvendollárost, amennyit csak tudtok. Tegyetek rá egy kis ragasztót, és borítsátok be magatokat a pénzzel.

Oké? Csak csináld és érezd jól magad. Meghívhatsz valakit, bárkit, akit csak akarsz. Remélhetőleg, ha házas vagy, akkor a melletted lévő személyt, de lehet, hogy valaki mást szeretnél magad mellé.

Valami mást akarsz meghívni - erről beszélek - egy radikálisan, orgazmikusan, élő valóságot. A pénznek nem kell olyan nehéz témának lennie. Az én szélsőséges helyzetemben, hidd el, nem volt szórakoztató. Azonban így néz ki, ha az ember megfordult és megnézte, bement és kitakarított. Hogy képes vagyok itt állni és azt gondolni, hogy van mit megosztanom. Meg kell fordulnom és meg kell néznem.

És tudod mit? Mostanában olyan, mintha az apámtól kaptam volna egy ajándékot. Megtanította nekem, hogy a pénz nem a nemekről szól. Nem a származásodról, a végzettségedről vagy a képzettségedről szólt. Még csak nem is arról szólt, hogy keményen kell dolgozni.

Azt választottad, hogy az legyél, ami lenni akartál.

Apám keményen dolgozott és keményen játszott. Több Super Bowlon és sporteseményen voltam, mint amennyit valaha is el tudnék mondani. Apám Yankees-szurkoló volt, így minden szerdán, pénteken és hétvégén ott voltunk. Ő a New York Giants futballszurkolója volt. Vasárnaponként ott voltunk. Hoki, New York Rangers, hétfőn, szerdán, pénteken. És elrángatott minket a Madison Square Gardenbe, New York Knicks. Ezt csináltuk.

Minden barátomnak elmondta. A bátyámnak, a nővéremnek és nekem meg kellett hívnunk két-három barátomat az ő jegyeivel. Kiment az utcára, hogy vegyen egy 5 dolláros lelátóhelyet, hogy az összes gyereke és a barátaik elmehessenek a meccsekre. Ez nem feltétlenül azért volt, mert bőven volt pénze; egyszerűen csak így döntött. Bár már nincs velünk, örökké hálás leszek ezekért a pillanatokért. A 25 év alatt, amíg nemzetközi, országos és helyi szinten terápiát gyakoroltam, soha nem találkoztam még senkivel, akit ilyen egyedülálló módon neveltek, amikor a pénzről volt szó. Ez egy szokatlan valóság.

De amikor a betegség lecsapott, és elérte azt a mélypontot, az elvette azt a ragyogást, azt az örömöt, azt a fertőző mosolyt, amiről gyakran beszélek - mindez eltűnt, amikor szembenéztem a pénzügyi nullával.

Megadhattam volna magam az áldozat szerepének, a betegséggel küzdő, kétségbeesett, mindent elengedő embernek, akinek nem maradt vágya, hogy segítsen bárkin, még saját magán sem. Úgy is dönthettem volna, hogy teljesen feladom az életet.

De úgy döntöttem, hogy elfogadom az életet, mert függetlenül az egyéni történelmünktől vagy múltbeli tapasztalatainktól, bármilyen nehéz is volt az, még mindig megmarad a választás hatalma. A kérdés, amivel szembenézünk, a következő: azt választjuk, hogy egy hazugságok által meghatározott valóságban élünk, vagy az igazságra épülő valóságban? A bőségre vagy a hiányra összpontosítunk? Melyik valóságot akarod megteremteni?

Megértem, hogy ez túlságosan leegyszerűsítően hangzik. Higgye el, megértem, különösen akkor, amikor úgy érzi, hogy futóhomokba ragadt, hazugságok csapdájába esett. A hazugság olyan konkrétnak tűnik, hogy akaratlanul is újra és újra megismétli. Megszilárdul, és egyre nagyobb kihívást jelent, hogy valami mást képzeljen el.

Itt az igazi kérdés: Mosolyogsz? Boldognak találod-e a pénz hazugságainak átölelését?

Ha nem, akkor keresd meg azt az apró molekulát a testedben, azt a gyermeki ártatlanságot, amit apám oltott belém - az alkotás, az üzlet, a munka, a szórakozás, az öröm és a döntés, hogy a saját főnököm legyek. Nem feltétlenül kell a saját főnöködnek lenned, de ezt a gondolkodásmódot akkor is magadévá teheted, ha valaki másnak dolgozol. Arról van szó, hogy inkább a lehetőségeket választjuk, minthogy a korlátokra koncentráljunk. Minden lehetséges.

Ez egy kis bepillantás az én történetembe, de mi a helyzet a te pénzes hazugságaiddal? Milyen döntéseket utasítasz el, miközben elfogadod a pénzzel kapcsolatos hazugságokat, amelyeket magadnak mondasz... a hazugságokat, amelyeket aktívan választasz? És mi az igazi ára annak, hogy kitartóan hiszel ezekben a pénzzel kapcsolatos hazugságokban? Mit tennél, ha a számítógéped előtt ülnél, mint én aznap, a nullát bámulva, kiborulva, a B-tervet, a kilépési stratégiádat tervezgetve?

A jelenlegi pénzügyi helyzetét tekintve milyen döntéseket vagy alkotásokat hozhatna?

És itt van a kedvenc hazugságom - és a kérdés - kinek a pénzügyi valóságát éled?

Amikor tehát a legmélyebb ponton voltam, meg kellett kérdeznem magamtól: "Mit szeretek abban, hogy nullán vagyok? Mit szeretek abban, hogy a dráma és a katasztrófa állapotában vagyok? Mit szeretek abban, hogy beteg vagyok? Mit szeretek a halálban? Mi az, amiért meghalok, hogy kikerüljek belőle? Mitől vagyok rosszul?"

Nem pedig "Elvinnél kávézni, mert nincs pénzem, és nagyon ki vagyok akadva, és a főnököm egy ribanc, és nem mehetek a szüleimhez, mert tudod, hogy utálnak, és egész életemben ellenem fordítanák... és, és, és, és, és...".

Semmi ilyesmi.

Ahhoz, hogy igazán megértsd a helyzetedet, meg kell kérdezned magadtól: "Mit teszek, hogy ezt létrehoztam? Milyen döntéseket hozok, amelyek állandósítják ezeket a mintákat? Miért veszek részt olyan viselkedésformákban, amelyek miatt úgy érzem, hogy feladom? Hogyan engedem, hogy becsapjanak? Milyen cselekedeteim korlátozzák a lehetőségeimet?"

Ez az önvizsgálat az a kihívást jelentő munka, amely a hazugságokat és az önbecsapást eredményezi. Az általunk konstruált narratívák úgy viselkednek, mint a tagadással színezett lencsék, amelyek megvédnek minket az igazsággal való szembenézéstől. Gyakran jobban szeretjük fenntartani a felsőbbrendűség és az igazunk látszatát, minthogy belemerüljünk a függöny mögötti valóságba.

Nekem személy szerint fontos, hogy szembenézzek az igazsággal. Tükörbe akarok nézni és elismerni a hitelességet, ahelyett, hogy narratívákat találnék ki. Még ha azon kapom is magam, hogy történeteket gyártok, őszintén vállalom őket. Például, ha düh tör felszínre, magamba nézek, és megkérdezem: "Hol tanúsítottam én is hasonló viselkedést?". Ha ítélkezés merül fel, elgondolkodom: "Hol tapasztaltam ezt az ítélkezést?".

Arra törekszem, hogy túllépjek ezeken a korlátozó konstruktumokon, a kiváltó okokat a saját előnyömre fordítom, és a személyes és pénzügyi növekedés lehetőségeivé alakítom őket. Később megosztok néhány technikát, hogy hogyan érhetem el ezt.

Nos, ezeknek a szempontoknak a megvitatása a heti rádióműsoromban, világszerte 205 000 hallgató előtt, bátorságot igényelt. Annak ellenére, hogy az egészségügyi közösségben elismertem magam, különösen az olyan gyakorlatok terén, mint a Theta Healing®, amely az univerzum kreatív energiájával való munkát foglalja magában, elismerem, hogy a szokatlan megközelítések felvállalása ijesztő lehet.

Annak ellenére, hogy a hagyományos egészségügyben jogosítványokkal és címekkel rendelkezem, szélesebb perspektívát képviselek. Ezek a bizonyítványok, bár értékesek, nem szorítanak be egy strukturált dobozba. Ehelyett inkább eszközként szolgálnak, érdeklődést keltenek a globális közönség körében, és ajtókat nyitnak az együttműködés és a lehetőségek előtt. Az üzenet itt nem a kérkedés, hanem annak hangsúlyozása, hogy milyen fontos, hogy bármilyen készséggel és eszközzel rendelkezünk, azt a saját előnyünkre fordítsuk.

Lényegében mindenki rendelkezik valami értékes dologgal. Arról van szó, hogy felismerjük és felhasználjuk ezeket az egyedi tulajdonságokat, hogy korlátokon túli valóságot teremtsünk.

Mindegyikőtök ügyes és ragyogó. Erről írtam a disszertációmat, úgyhogy tudom. Ezt hívják léleknyomatnak, ahogyan az ujjlenyomatunk is mindannyiunknak egyedi. Ez a ti léleklenyomatotok. Mindegyikőtöknek egyedi léleklenyomata van, amit a valóság ajkára kell nyomnia.

Az enyém történetesen része annak, amit ma itt csinálok. A tiéd az, amit teszel, vagy amivé válsz - vagy amit nem vagy hajlandó tenni vagy lenni -, de nálad van.

3

KINEK A PÉNZÜGYI VALÓSÁGÁT ÉLED?

Hogyan válhat valaki minden szinten a valóságának irányítójává, az elméje mélyétől a kézzelfogható fizikai világig, amelyben nap mint nap él? Kezdhetjük az elmével. Valójában a workshopomon az egyik résztvevő tette fel ezt a döntő kérdést. Azt mondta: *"Nos, én csak a pénz mögött rejlő tudatalatti problémára gondoltam, nem azt mondom, hogy pénzproblémáim vannak. Mindig lehet több pénzt szerezni, és én könnyen tudnék is, ezért arra gondoltam, hogy mi az, ami csak hátráltathat, még akkor is, ha felteszem ezeket a kérdéseket és ilyeneket. Hogyan csinálnám ezt?"*

A kérdése alapvető volt, és a válasz abban rejlik, hogy felteszünk magunknak egy másik alapvető kérdést: Kinek a pénzügyi valóságában élsz?

Mielőtt felteszi magának ezt a kérdést, vegye észre, hogy a teste könnyű vagy nehéz. És figyeld meg, milyen változást hoz a testedben, ha felteszed ezt a kérdést.

Amikor ezeket a kérdéseket feltettem a workshopomon, a résztvevőknek egyedi válaszai voltak.

"Oké, szóval kinek a pénzügyi valóságát éled?"

"A nagybátyám."

"A szülőm"

"Az apám"

"Az én tehetségem"

És a válaszaikkal mindannyian érezték, hogy energiájuk megváltozik. Egyesek forróbbnak, mások hűvösebbnek, egyesek könnyűnek, mások nehéznek érezték magukat. A szoba tele volt energiaváltozásokkal; ennyire erőteljes tud lenni egyetlen kérdés.

Szóval, olvasóm, kinek a pénzügyi valóságát éled?

Határozza meg, hogy ez mit hoz felszínre önben, és próbálja meg megkülönböztetni az igazságot a hazugság(ok)tól. A hazugságok, amelyeket a körülöttünk lévő világ, az iskolarendszerünk, az anyáink, apáink és főnökeink szőttek. Ezek a hazugságok nagymértékben befolyásolják pénzügyi valóságunk alakítását.

Tehát, ha a pénzügyi valóság a tiéd, nagyszerű. De mindenhol, ahol a pénzügyi valóságodnak van egy határa vagy egy felső határa, ez minden, amit birtokolhatsz, és nem több. Ahol úgy döntöttél: "Ez az enyém. Az enyém. Az enyém. Az enyém. Az enyém. Az enyém. És ez minden, ami lehet".

De meg kell törnünk ezt a mentalitást, és tudjátok, miért. A workshopomon a résztvevők ezt korlátozónak találták. Egyikük nagyon bölcsen megjegyezte: *"Azzal korlátozzuk magunkat, hogy valamit a sajátunknak tekintünk, és ez rögzíti, hogy csak az lehet, ami lehet, és semmi több...".*

És ez így van, ez olyan, mint: "Nem mozdulunk. Ez az enyém, és kész." Nos, bármi, ami a tiéd és "ennyi", az egy kis felsőbbrendűséggel bír. És minden, ami felsőbbrendűséggel bír, egy kicsit úgy nézhet ki, mint Donald Trump.

Tudom, hogy ez szuper ítéletnek hangzik, de a helyzet a következő: Donald Trumpnak dollármilliói voltak, és elvesztette őket. Több millió dollárja volt, és elvesztette. Több millió dollárja volt és elvesztette. Nem, nem Donald Trumpra szavazok, amikor ezt mondom, oké? Ez az a pont, ahol szétfeszítem magam, és azt gondolom, oké, nem szeretem őt, de mit tanulhatok tőle?

Én pedig az ő üzletére gondolok. Nem ismerem őt, de úgy vagyok vele, hogy mit tanulhatok olyasvalakitől, akihez nem törekszem hasonlítani, akitől semmit sem akarok utánozni, vagy akire még csak ránézni sem szeretek. Mit tanulhatok tőle? Van valami, amiben zseniális a pénzzel és az üzlettel kapcsolatban."

Nem kell, hogy pénzem legyen és ilyen legyek, de molekulárisan és sejtszinten valóban tudok fogadni valamit, amit nem ismerek. Ő valahogy jobban ért a pénzhez, mint én, és én magamnak akarok jobb lenni, hogy az anyagi valóságomból kiindulva megváltoztathassam a világot.

Mindenki pénzügyi valósága taníthat nekünk valamit. Ha van valami, amit taníthatsz nekem, akkor megengedem és befogadom tőled.

Vagy ha nem kedvelsz valakit, nézd meg, hol zárkózol el, és lökd el magadtól. Tudod, hogy minden ítélet, amit kapsz, és minden ítélet, amit átengedsz rajtad, növeli vagy csökkenti a bankszámládat? A magadról és másokról alkotott ítéleteid lehetővé teszik a pénz áramlását, vagy elutasítják azt. Képzeld el, mennyi pénzt szerezhettél volna, ha nem hagyod, hogy korlátozó ítéleteid akadályozzák az energia áramlását, ami a pénz. Mégis mindannyian azon kapjuk magunkat, hogy korlátozó módon ítélkezünk a dolgok felett.

Amikor megkérdeztem a workshop résztvevőit, hogy milyen ítéleteket tartanak magukról, különböző válaszokat adtak, amelyekkel szerintem sokan közülünk azonosulni tudnak.

"Azt hiszem, én vagyok a legszörnyűbb magamhoz. Mindenki máshoz nagyon kedves vagyok, de magamhoz nem, és ez az, ahol megnyílik."

"Nem vagyok elég jó."

"Tudok jobbat is."

"Úgy érzem, hogy kudarcot vallottam."

"Nem vagyok elég jó. Tudok jobbat is, és ezt néha nehéz kimondani."

Azáltal, hogy a résztvevők elgondolkodtak ezeken a saját magukról alkotott ítéleteken, és megosztották azokat, valójában leleplezték azokat a hazugságokat, amelyekben hittek. Ez pedig önmagában is szomatikus feloldozást jelent. Te is megteheted ezt, és egy pillanat alatt rájöhetsz, hogyan hozza felszínre a magaddal kapcsolatos kitalációidat és hazugságaidat, amelyek valójában visszatartanak téged attól, hogy elérd a valódi lehetőségeidet, akár anyagilag is.

A múltbeli tapasztalatokra visszagondolva, felidézek egy átalakító pillanatot a Maui workshopon, amikor egy résztvevőt arra irányítottam, hogy ismerje el a kudarcban való kiválóságát. Azt mondtam nekik, hogy mondják azt, hogy "én vagyok a legjobb a kudarcban", ahelyett, hogy azt mondanák, hogy "kudarcot vallottam". A "Én vagyok a legjobb, akit ismerek a kudarcban" kijelentés és az "Én vagyok a kudarc" önpusztító címke közötti ellentét rávilágított arra a hajlamukra, hogy a kudarcot pajzsként használják, hogy észrevétlenek maradjanak. Nyilvánvalóvá vált, hogy a kudarcként való azonosítás választása azt a célt szolgálta, hogy kicsik maradjanak és elkerüljék a láthatóságot.

A résztvevő bevallotta, hogy mások irigységétől félve lekicsinyelte életének jóságát. Kibontakozott a felismerés, hogy azáltal, hogy visszatartja valódi érzéseit és eredményeit, egy hazugságot tart fenn, ami nemcsak a hiteles kifejezését akadályozza, hanem a bőség áramlását is korlátozza az életébe.

Mielőtt azonban hagynád, hogy mások féltékenységükkel, ítélkezéseikkel, kritikájukkal vagy egyszerűen csak bizonytalanságukkal átvegyék az irányítást az életed felett, gondolj arra, hogy milyen hatalmad van. Mi van, ha az, amit mondasz, arra inspirál valakit, hogy másképp döntsön? Mi van, ha az, hogy te magadat mutatod, arra inspirál valakit, hogy másképp döntsön? Mennyivel több pénzt hozna ez neked, és mennyivel több pénzt adna nekik, miközben bőséget terjesztene a bolygón?

Ti vagytok azok, akik megváltoztathatják a világot.

Ti vagytok azok az emberek, akiknek a pénznek a kezében kell lennie, mert a tudatosságotokkal meg fogjátok változtatni a valóságot ezen a bolygón. Az az egy fokos váltás, amit most megteszel, ami a kitalációtól és a hazugságtól a megnyíló fény, a szórakozás és a szabadság igazsága felé való elmozdulás, meg fogja változtatni a pénzügyi valóságodat.

Ahogy apám mondta: "Légy a saját főnököd. Ez nem csak a férfiak világa. Nem csak a nők világa. Csináld azt, amit szeretsz. Valakinek fogsz dolgozni, szeresd azt. A saját főnököd akarsz lenni? Légy a saját főnököd."

Mi az az egy dolog, amit most azonnal választhatsz, de még sosem döntöttél úgy, hogy választasz? Mit választanál, amit a komfortzónádon kívül tennél?

Mielőtt teljes praxisom volt, egyetlen ügyfelem sem volt. Volt egy irodám, így bementem az irodámba, és beállítottam a naptáramban a találkozóimat. Nem voltak emberek, és csak annyit írtam a 60 vagy 90 perces beosztásba, hogy "Csodálatos ügyfelek". Ennyi ideig ültem az irodámban, a 60 vagy 90 perc után szünetet tartottam, majd visszamentem. Elkészíteném a névjegykártyáimat, szórólapjaimat, csomagjaimat, vagy telefonálnék, és elmondanám az embereknek, hogy mit csinálok.

Néha meglátogattam egy könyvesboltot, kiraktam egy csoportos műhelymunkát, elvégeztem egy másik tanfolyamot, vagy elmentem egy képzésre. És valahányszor valaki felhívott, mindig kitöltöttem a résbe az illető nevét, ami a foglalkozást jelentette.

Csak mentem és mentem, mert úgy döntöttem, hogy nem veszem be azt a hazugságot, hogy ha kimegyek, valaki rosszul fogja érezni magát. Ehelyett bevettem azt az igazságot, hogy ha én kimegyek, valaki más is ki fog menni. Valami inspirálni fogja őket, hogy együttműködjenek velem.

Ez a hazugságon való túllépés.

Ahhoz, hogy túllépj a hazugságon, cselekedned kell. Meg kell tenned.

4

—————

MIT AKAR A PÉNZ?

Sok olyan emberrel dolgozom együtt, akik a pénzügyi piacokon kereskednek. Néha megrekednek, és folyton ugyanazt a kereskedést folytatják. Nem akarnak kilépni belőle, vagy veszítenek. Azt gondolják, hogy ez egy kudarc, ahelyett, hogy mozognának. Holott az igazság az, hogy ha nem működik, és egyre nehezebb és sűrűbb, akkor mozogni kell. Vágja le a veszteségeit és mozogjon. Ők megkapják, te pedig a következő pillanatban, valahol máshol elnyered, de soha nem fog úgy megjelenni, ahogy te gondolod. Tehát nem használhatod a fejed.

Amikor az elméd szinkronban van a testeddel, nagyobb szabadságérzetet tapasztalsz. A magánéletemben és az üzleti életemben a meghallgatást helyezem előtérbe. Figyelek a könnyedség érzésére, mert ez jelzi számomra a helyes irányt. Ha valamit sűrűnek, nehéznek vagy túl

35

bonyolultnak érzek, és ha ismételten akadályokba ütközöm, nem nyomulok ellenük kitartóan. Ehelyett felismerem, hogy újra kell értékelnem és alternatív utakat kell felfedeznem. Nem verem folyton a fejem a falba.

Azt mondom: "Ó, még több kérdést kell feltennem. Máshova kell mennem." Aztán megkérdezem: "Ki vagy mi tudná ezt azonnal megkönnyíteni? Hová kell mennem? Kivel kell beszélnem? Ki tud nekem segíteni? Milyen egyéb információkra van szükségem? Ki rendelkezik ezekkel az információkkal?"

Nem tudom, hogyan történik, de valahogy mindig megtalálom a megoldást. Kapok egy e-mailt vagy egy sms-t. Látok valamit a számítógépen. Olvasok valamit a levélben, vagy beszélek egy barátommal, és azt mondja: "Hé, ez az ember ezt keresi", és pontosan erre van szükségem. Így találtam meg a vállalkozóimat a vállalkozásomhoz.

Szóval legközelebb ahelyett, hogy megkérdezném, hogy ide vagy oda menjek. Csak menj ki és kérdezz többet. Csak több információra van szükséged.

Ne feledje, hogy vállalkozása egy önálló entitás; kezelje úgy, mintha egy másik személyt kezelne. Vállalkozásának céljai és céljai vannak; kommunikálnia kell velük. Az én vállalkozásom neve Éld Meg az Üvöltésed!

. Megvan a célja. Van egy célom. Hallgattam rá, és bármerre mozdulok az üzletemben, mindig kérdéseket teszek fel neki.

Tehát több információra van szükséged, amely itt kezdődik. Tegye fel magának az alábbi kérdéseket:

Milyen egyéb információkat adhatok még hozzá?

Kinek van ilyen információja?

Hol kaphatok ilyen információt?

Mit tehetek?

Kérdezze meg a vállalkozását:

Mit szeretnél ma?

Mi a célod?

Mi igényli a legnagyobb figyelmet?

Hol tudok segíteni, hogy több pénzt keressek?

Mit kell ehhez létrehoznom?

Kit kell felvennem?

Kivel kell még beszélnem?

Hová kell mennem?

Mennyi pénzre van valójában szükségem?

Erős bizalmi kötelék kialakítása az Ön vállalkozásával és egymás megismerése. Ezt nevezem én radikális elevenségnek.

A radikális elevenségnek négy C-je van: Együttműködés az univerzummal, amely összeesküvést sző, hogy megáldjon téged, és aztán ebből teremted meg a megélhetésedet.

Ez az Ön négy alapelve és az üzlet négy alapelve. Válaszd magadnak, kötelezd el magad. Működjetek együtt az univerzummal, amely összeesküszik, hogy megáldjon benneteket, majd teremtsetek és menjetek előre együtt.

Van egy rádióműsorom, aminek a címe: Túl az abúzuson, túl a terápián, túl mindenen, igaz? Már két és fél éve adásban vagyunk. Az első 13 hétben a top tízben az első háromban voltunk az Empowerment Channelen, és a műsor indulása óta az első ötben maradtunk.

Minden nap hallgattam ezt az üzletet. Ma reggel felkeltem, élő rádióműsort adtam, és hallgattam az üzletet.

Minden héten élő műsort kell készítenem: új, eredeti tartalmat, műsorleírást, közösségi média idézeteket és témákat. Meghallgatom, és azt mondom: "Oké, Föld, univerzum, világ, 205 000 ember hallgatja, miről szeretnétek hallani?".

Bam.

Nem megyek bele a fejembe, hogy "Mit kell tennem a Voice Americáért?". Azt kérdezem: "Milyen energia hív, hogy most beszéljünk róla?".

Mit kérdez az üzlet? Szó szerint, talán ez az, ami forog a fejedben - hogy lépj kapcsolatba azzal, ami most rajtad kívül van.

Az Ön vállalkozása önmagában is egy energia és egy entitás.

Hadd szárnyaljon. Hadd üvöltsön. Szedd ki a fejed az eredményekből, és irányítsd a fejed a lehetőségek felé. Könnyű lesz megrajzolni és megvalósítani azokat az embereket, helyeket, helyzeteket és eseményeket, amelyek megfelelnek az Ön nevében való együttmű-ködésnek.

Érdekes módon vannak olyan helyzetek, amikor a pénz hazugságai miatt a környezetünk a céljaink ellen dolgozik. Korlátozóvá válnak. A workshopomon az egyik résztvevőm ugyanezzel a dilemmával szembesült.

Amikor tehát arról beszéltem, hogy hagyjuk szárnyalni az üzletünket és a pénzünket, feltett egy kérdést, amely leírta a helyzetét.

A következőket mondta: *"Van értelme, amikor arról beszélsz, hogy a pénzed szeret-e téged. Van ez a kép a fejemben, hogy ez egy olyan kapcsolat, ahol szexisen jelenek meg egy 300 dolláros kölnivel. De aztán leülünk beszélgetni, és azt mondja: "Ó, még mindig ezt csinálod? Anyukád még mindig ilyen? Még mindig cigizel?"*

A helyzetéről hallva megkérdeztem tőle, hogy ő és a látomása elítélik-e egymást. Szóval elítélik egymást? És ő azt válaszolta:

"Nem tudom, hogy ítélkezik-e felettem, de olyan, mintha azt mondaná: "Szeretlek, de nem, ha még mindig ezt csinálod. Olyan, mintha szeretlek, de így és így kell megjelenned."

Világos volt, hogy szerelme elvárásokba és feltételekbe gabalyodott. Ez egy feltételes szerelem volt, egy olyan szerelem, amivel soha nem érnénk be egy partnerrel, de a pénzzel kapcsolatban nem bánjuk.

Ekkor döntöttem úgy, hogy feltérképezem a résztvevőknek az irányítással, a felsőbbrendűséggel és az örömtől való idegenkedéssel kapcsolatos érzéseit. Tagadta, hogy irányító személy lenne, és azt állította, hogy más szempontból szabad. Ezért feltettem neki egy másik fontos kérdést: "Mit szeretsz a körülményekben?". És ekkor kezdtek el hámlani a dolgok; megemlítette, hogy ez számára egy "felsőbbrendűségi dolog".

Ez a feltételes kapcsolat, amit a pénzzel ápolt, valójában beszűkítette az örömét, és mégis azt a hazugságot mondta magának, hogy ezek teszik őt felsőbbrendűvé. És már hétéves kora óta korlátozta az örömét.

De amikor felfedte a hazugságokat, amiket magának mondott, és légzőgyakorlatot végzett, képesek voltunk egy fiziológiai és pszichológiai egyfokozatú változást létrehozni, amire szüksége volt. Amikor megértette, hogy hétéves kora óta eltaszította magától az örömöt, elindult a változás felé.

Így állandósulnak a pénzzel kapcsolatos hazugságaink, ami belső konfliktusokhoz és a bőség hiányához vezet. Pedig csak egy fokos váltásra van szükségünk.

5

———

AZ ÍTÉLET EREJE

Emberek, bátor lények vagyunk, a pénzről azonban nem feltétlenül szórakoztató téma az emberek számára. Most, hogy megosztottam veletek néhány hazugságot a pénzről, meglátom, hogy egy kicsit beindítalak-e benneteket, és egy bizonyos ponton talán nevetve felhozzátok, hogy mi hozott titeket ide valójában, hogy ezt a könyvet olvassátok. Hogy kíváncsi legyél a pénzre.

Miután több mint húsz éve dolgozom a mentális szakmában, workshopokat vezetek helyi, hazai és nemzetközi szinten, azt tanultam, hogy három oka van annak, hogy az emberek miért jönnek el személyes munkát végezni a változás és átalakulás érdekében:

1. Egészség - valamilyen válsághelyzet áll elő.

2. Kapcsolat - szakítás, különélés vagy válás.
3. Pénz - az üzleti életben való küszködés vagy a megélhetés hiánya.

Egy kis idő elteltével nagyon jól tudtam dolgozni az emberekkel a kapcsolatok és az egészségügy területén, magamat is beleértve. De ez az egész pénz dolog még mindig rágta a begyemet, az ügyfeleimet és a világot. Úgy döntöttem, hogy erre fogok koncentrálni, hogy lássam, mit tudok még hozzátenni ehhez a témához, amiről az emberek workshopokat tartanak és könyveket írnak.

Ez eléggé megterhelő volt a márkaépítő személyem számára. Ha nem tudod, mi az a márkaépítő személy, akkor megmondja neked, hogy hova dugdosd a rést, aztán bedug egy dobozba - és abban kell maradnod, és nem szabad kimozdulnod belőle.

Azoknak, akik még csak most ismerkednek velem, ez olyan, mint a Dirty Dancing: "Senki sem állítja a sarokba a babát". Engem biztosan nem lehet dobozba zárni; nincs olyan doboz, ami rám illene.

Amikor elkezdtem a pénzzel kapcsolatos témában terjeszkedni, workshopokat, telefonhívásokat, a Voice America rádióműsoromat, valamint egyéni foglalkozásokat, coaching foglalkozásokat és VIP foglalkozásokat tartottam az emberekkel. De ugyanakkor néhány évvel ezelőtt meghalt az apám, és a számtalan más problémámon felül anyagi helyzetbe kerültem.

Rájöttem, hogy vak vagyok a pénz valóságával szemben, és ez őrületes érzés volt. Itt voltam, próbáltam kitalálni, hogyan segíthetnék másoknak rendbe hozni a pénzzel való kapcsolatukat, mégis vak voltam a saját pénzügyi valóságommal szemben.

Ezért elkezdtem megvizsgálni a pénzzel kapcsolatos döntéseimet, azt, hogy mit jelentett számomra a pénz - hogyan tettem azt olyan fontossá, hogyan volt ez az én Istenem, hogyan volt ez a módja annak, hogy szeretetet kaptam, vagy hogyan éreztem magam, ha volt pénzem. Nem éreztem jól magam, ha nem volt pénzem.

Aztán elkezdtem kérdezni, hogy "Mi van ezen túl?".

Mi ez a pénz dolog, amivel mindenkinek van valamilyen problémája? A skála széles.

Volt sok pénzem, és volt, hogy nem volt pénzem. És van egy nagyon nagy közösségem olyan emberekből, akiknek sok pénzük van - és nekik ugyanannyi problémájuk van a pénzzel, mint a pénz nélküli embereknek.

Nem számít, hogy nincs semmid, milliárdod, milliód, milliód vagy négymilliárdod. Még mindig vannak kérdések ezzel a pénznek nevezett dologgal kapcsolatban - így senki sem menekül meg előle.

Aztán, amikor apám meghalt, elgondolkodtam: "Mi ez? Mi az értelme ennek a pénznek nevezett dolognak, amit mindenki úgy dönt, hogy nem élvez?"

És még ha élvezik is, mindig attól félnek, hogy "Mikor fogom elveszíteni? Mikor nem lesz meg?"

Mindenféle szindrómák léteznek - például az "ünnep vagy éhínség", a "keményen dolgozom/szolga mentalitás" vagy a "keményen dolgozom, nem lehet könnyű". Vagy 'olyan vagyok, mint egy paraszt, és mindig is valami tulajdonában leszek', és 'másnak kell dolgoznom, mert nem mehetek el egyedül, mert ha elmegyek egyedül, hogyan fogok valójában gondoskodni magamról, vagy hagyom, hogy valaki más gondoskodjon rólam'.

Mindezek folytatódnak ebben a valóságban, és bennem is folytatódtak.

Amikor apám meghalt, szó szerint mindenhez elvesztettem a hozzáférésemet. Teljesen elvették tőlem, és nem maradt semmim. Tudom, hogy biztosan csodálkozol, hogy egyáltalán miért volt hozzáférésem az apám számlájához. Engedjék meg, hogy ezt egy kicsit később elmagyarázzam.

Emlékszem, hogy álltam egy benzinkútnál, és a kártyát a kútba dugtam, hogy tankoljak, ahogy általában szoktam. Korábban soha nem kellett kétszer meggondolnom. Ez nem jelenti azt, hogy nem voltak pénzproblémáim, problémáim vagy pénzhiányom a földön töltött időm alatt, de abban a pillanatban semmi sem volt.

Azt gondoltam: "Hogyan fogom ezt kifizetni? És hogyan fogok élni?"

Soha nem kellett így gondolkodnom, mert mindig ott volt az apám. Ő nagyon megkönnyítette a dolgomat, és mindig azt kérdezte: "Mit szeretnél?". Soha nem tudtam, hogy mikor jön el, és ez mindig olyan volt, mint egy vicc: "Rendben, lemegyek a pincébe, előveszem a nyomdagépet, és máris a számládon lesz.". Ő volt az én ATM-em, a bankkártyám, sok szempontból - se pin-kód, se jelszó, csak kértem és kaptam.

Ez volt a legkönnyebb dolog, amit valaha tapasztaltam, de valaki mástól. Ti értitek ezt, ugye? Semmi közöm nem volt hozzá, rajtam kívülről jött.

És amikor elment, ott álltam a benzinkútnál, és arra gondoltam: "Fogalmam sincs, mit jelent pénzzel rendelkezni, mit jelent valójában pénzt megtakarítani, vagy olyan szinten tervezni a jövőt a pénzzel, mint amilyen szinten tudtam, hogy tényleg szükségem van rá, mert mindent valaki más pufferelt."

Közel álltam apámhoz? Közel laktunk egymáshoz? Nem, ő az ország másik végén lakott. Valójában ritkán láttuk egymást, vagy beszéltünk telefonon. Ilyen volt a kapcsolat, és a távolság elég nagy volt, de rendben volt. Ezt csináltuk.

Már nagyon fiatalon azt mondta nekem: "Lisa, ez nem csak a férfiak világa. Ez a nők világa. Légy a saját főnököd, csináld azt, amit szeretsz, és soha ne elégedj meg vele, keresd meg a saját pénzed, légy boldog."

Így tettem, és ő megkönnyítette a dolgomat, bár ez nem jelenti azt, hogy nem dolgoztam keményen reggeltől estig. Szerettem és élveztem, amit csináltam, hogy segítettem az embereknek.

Aztán, gyors előrehaladással, a halála az arcomba vágta, hogy "Ó, én csak addig tudom kísérni az embereket, ameddig én magam is elmentem". Ez egy vak zseb volt, amit addig nem fedeztem fel. Nem is tudtam, hogy beteg volt, és akkor hunyt el, amikor a tengerentúlon voltam, anélkül, hogy a mobiltelefonon kívül elbúcsúztam volna tőle, ami tökéletes volt. Igazából ez egy gyönyörű történet.

Azt akarta, hogy ott legyek, ahol éppen vagyok, azt csináljam, amit szeretek, éljem az életemet. Nem kellett ott lennem. Lehet, hogy ez egyesek számára igazolásnak hangzik, de számomra ez olyasvalami volt, amit igazán megtestesítettem.

Ha ismersz valamit a történetemről, a háztartásban zajló egyéb dolgok nem voltak olyan egyszerűek, ezért volt bennem egy kis jogosultság. Olyan volt, hogy "A fenébe, tekintve a 2 és fél évtizedes bántalmazást és erőszakot, amit a gyerekkoromban elszenvedtem, a szexuális, anyagi, fizikai, érzelmi, pszichikai és energetikai bántalmazástól kezdve", egy kis könnyedség - egy apa, aki nem kért jelszót vagy PIN-kódot az ATM-hez - nos....

Úgy éreztem, hogy megérdemeltem, tekintve, hogy mit szenvedtem.

Nagyon hálás voltam ezért az élményért, mert a kezdetektől fogva ott volt mellettem, és aztán még a halálában is az arcomba vágta: "Ha én egyszer elmegyek, ki marad neked?".

Aztán rájöttem, hogy ki az enyém; így változott meg a pénzügyi helyzetem.

Nekem voltam.

Mindent elvettek tőlem; minden kis pénzt és minden pénzhez való hozzáférést, amihez valaha is hozzájutottam az életemben az apám révén, teljesen elvettek a halálával. Ott álltam, nem volt hozzáférésem semmilyen készpénzhez, nem volt hozzáférésem semmilyen bankszámlához, hitelkártyához, semmihez. Azon a benzinkúton azon a napon tudtam, hogy apám elment, és nincs egyetlen ember sem ezen a bolygón, akire támaszkodhatnék, hogy anyagilag segítsen nekem.

Az egyetlen ember, az egyetlen dolog, amim volt, az én voltam - és valami teljesen mást kellett csinálnom. Itt szembesültem közvetlenül a pénz hazugságaival - mindazzal, amit hittem, a személyiséggel, amit körülötte alakítottam ki, a biztonsággal, ami állítólag rajta keresztül volt - mindezzel.

Li-li-nek hívott. "Persze, Li-li, lemegyek az alagsorba, elmegyek a nyomdába, nyomtatok neked egy kis pénzt, és máris a számládon lesz."

Soha nem tudtam, mikor jön el. Lehetett két hét, egy hónap, három hónap vagy a következő nap, de mindig láttam a számlámon. Így működött ez vele.

Döbbenten néztem magam mögé, és arra gondoltam: "Mit jelent az, hogy a saját hátad mögött van a pénz? Mit jelent az, hogy tényleg, tényleg a saját hátaddal rendelkezel, és kiállsz a világban, és nem függsz senkitől, nem vetítesz ki senkire, nem húzol senkitől, nem szívsz senkitől, nem teszed magad áldozatul annak érdekében, hogy pénzt szerezz, nem védekezel a hatalommal szemben, még csak nem is igazodsz a saját történeted tragédiájához, traumájához vagy drámájához? Mert hidd el, ha le akarsz ülni és a történetről beszélni, nekem van egy."

Emlékszem, arra gondoltam: "Hű, ez lesz az első alkalom, hogy megtestesítem a pénzügyi valóságomat."

Nem tudtam, hogy apám halála nem hagy más választást, mint hogy a saját lábamra álljak - hogy én fogom megtestesíteni magam, és tudni fogom, milyen érzés, milyen szag és milyen íz, hogy a saját hátam mögött állok, és teljesen magam mögött hagyom az áldozati történetet, a trauma és dráma történetét, a katasztrófa történetét.

Nem tudtam, hogy a bántalmazó hátterem, amikor felnőttem, a két és fél-három évtizedes bántalmazás, aminek kitettem magam és amit elszenvedtem, lesz az a fényes jelzőfény, amelyen keresztül a pénzzel kapcsolatos saját hazugságaim átjönnek és kimozdítanak a pusztítás, a halál és a hiány ketrecéből, a költekezés, de nem kapok, és a sok pénz megszerzése, mert mindig sok pénzt kerestem, de soha nem engedtem meg magamnak, hogy megtartsam.

Mindenki más fontosabb volt.

Azok az emberek, akik kapcsolatban voltak velem, nagyon jól teljesítettek. Hidd el, még mindig kérdezősködnek. Nemrég mondtam nemet valakinek, hosszú idő után először. Azt mondtam: "Nem, csak adtam neked egy kis pénzt. Add vissza azt a pénzt egy fizetési terven keresztül, aztán majd beszélünk." Ez az én New York-i emberem. De ez az érzés, amikor a saját hátam mögött állok, és igent mondok, amikor tényleg igen, és nemet, amikor nem.

6

AZ ÉN FELEMELKEDÉSE

Apám halála katapultálta az üzletemet, a lényemet, a testemet és a munkát, amit a világban fogok végezni, hogy pénzügyileg felébredjek, és nem is tudtam, hogy először fogom felszabadítani a pénzügyi valóságomat élve.

Ami kialakult, az az, amit én most a visszaélés ketrecének, a radikális elevenségnek és a hídnak nevezek, amely megkönnyíti az elevenséghez vezető utat.

A visszaélések ketrecét én a "4 D-nek" nevezem: Tagadás, védekezés, elhatárolódás, szétkapcsolódás.

A történetben, amit elmondtam neked, látod azt a sok tagadást, amiben éltem attól, amit apám olyan természetesen ajándékozott nekem? A védekezést az ellen,

hogy én legyek és a saját hátam mögött álljak, az elha-
tárolódást attól, hogy megengedjem magamnak, hogy a
pénz az enyém legyen,
mintha én érdemeltem volna
meg és én teremtettem volna.

Akkoriban én voltam az a
személy, akivel együtt akartál
lógni. Letettem pár száz
dollárt az asztalra, és amikor

elfogyott a pénz, letettem a hitelkártyámat az asztalra.
A barátaimmal minden csütörtök, péntek, szombat és
vasárnap este tökéletesen éreztük magunkat. Olyan
nagylelkűnek éreztem magam, mint az apám.

Mindez a pénz körüli visszaélések ketrecéhez vezetett,
ahol a pénz annyira korlátozó és korlátozó volt, hogy
keményen dolgozhattam, sok pénzt kereshettem - de
soha nem tudtam megtartani.

Egy kis ideig nálam lenne. Olyan volt, mint a "zabálás
és tisztálkodás" szindróma. Sokat ettem belőle, aztán
olyan voltam, hogy "La-la-la-la-la-la-la-la-la-la", majd
"Rendben, most újra kell csinálnom".

Ünnep vagy éhínség.

Jól kerestem, és nem voltam teljesen apámra utalva, de
a pénzemmel kapcsolatban nulla támaszom volt. Nem

volt érzékem a megtakarításhoz vagy a pénz zsebemben tartásához.

A radikális elevenség felé haladva, azon a benzinkúton ébredtem. Mivel nem tudtam fizetni semmiért, azt gondoltam: "Ó, magamnak kell választanom. El kell köteleznem magam és a pénzügyi valóságomat."

Valamikor azt hallottam: "Kérjetek, és megkapjátok". Szóval, ahogy én gondolkodom, az Univerzum összeesküdött, hogy megáldjon engem. Ez a "4 C" része: Az Univerzum összeesküszik, hogy megáldjon engem, és együtt akar működni velem, és aztán Teremtés.

Ezt nevezem én radikális elevenségnek, és a

a ketrecből a radikális elevenségbe a "4 E" segítségével jutsz el - a könnyebbség kedvéért - az Embrace, Examine, Embody és Expand segítségével.

Fogadd el, ami történik, Vizsgáld meg a tudatosság és az igazság szívósságával. Ne feledd, csak addig tudod magadat elvinni, ameddig el tudod engedni magad és látni, és csak akkor tudsz elvinni valaki mást, ha másokkal együtt dolgozol olyan messzire, ameddig te eljutottál. Ők nem tudnak túllépni rajtad, ha te nem jutottál el.

Ezért hálás vagyok a pénz hazugságaiért, amelyek apám nagyon szegény, brooklyni, iskolázatlan, alkoholista családjából származnak, és azokért, amelyek az ő halála révén jutottak hozzám.

Addig nem tudtam, hogy ki volt ő. Azt mondta: "Nekem sosem volt semmim, nektek mindenetek megvan, szeretném, ha használnátok és boldogok lennétek, amíg én élek." És pontosan ezt tette.

7

HIT ÉS VALÓSÁG

Tudod, hogy a hiedelmeid a testedet és a tested formáját is megteremtik? És tudod, hogy a hiedelmeid teremtik a pénzügyi valóságodat is?

Vagy csak úgy érzi, hogy elakadt, mint egy pufferelő számítógép képernyője? Alapvetően, amikor úgy érezzük, hogy elakadtunk, akkor a nézőpontunk az, ami elakadt. Lehet, hogy tettél oldalirányú lépéseket és oldalirányú változásokat, de soha nem léptél túl ezen a beszűkülésen és korlátozáson.

Jobbá válsz - de soha nem jutsz túl rajta.

És ezt úgy hívják, hogy túlélni és boldogulni, de soha nem élni radikálisan élve. Szóval, hogyan jutunk ki ebből?

Ismét csak egy fokos elmozdulást keresünk.

És ha most belegondoltok, és érzékelitek az összes ítéletet, döntést, következtetést, számítást, konfigurációt, szétválást, háborút, traumát, drámát, katasztrófát az egész világon a pénzzel kapcsolatban, akkor egy fokos változás ezen a bolygón hatalmas. Képes a világot a tengelye körül forgatni.

Hányan hisznek abban, hogy keményen meg kell dolgozniuk a pénzükért, hogy megkeressék azt? Hányan hiszitek, hogy nincs hazugság, hogy ez az abszolút igazság?

Most pedig gondoljatok erre: Hányan hiszitek igazán, hogy nincs hamisság, hogy ez megkérdőjelezhetetlen valóság? Míg az elmétek talán elismeri, hogy a pénzkereséshez nem mindig van szükség megerőltető munkára, a testetek nem biztos, hogy ugyanezen a véleményen van.

Úgy gondolja, hogy a pénzért való kemény munka fogalma kizárólag egy mentális konstrukció, amely nincs összefüggésben a testével? Amikor az elméd és a tested ellentétes hiedelmeket tart, az konfliktusos valóságot teremt.

Engedje meg, hogy feltegyek néhány kérdést. Miközben kérdezek, figyeljetek arra, hogy mi történik a testetekben. Ha könnyűnek, tágasnak és hűvös energiának érzed magad, az az igazság jele.

Ezzel szemben, ha sűrűséget, beszűkülést érzékelsz, vagy a gondolataid az ülés utáni tervekre terelődnek, és a gyors távozás vágyát érzed, akkor lehet, hogy azt fedezed fel, amit igazságként érzékelsz, de valójában egy hazugság. A sűrű beszűkülés hazugságot jelez, míg a kitágulás, a pezsgő energia és a hűvös hangulat az igazságra utal.

Szóval, őszintén, elismered, hogy ellentmondásos valóságod van a pénzzel kapcsolatban? Ez az ellentmondásos valóság az a hazugság, amelyhez ragaszkodik, és a hazugsághoz való ragaszkodás állandósítja annak létezését.

Hányan tapasztaltak már önök közül konfliktusokat a pénzzel kapcsolatban a partnerükkel való kapcsolatukban? Pontosan ezt értem konfliktusos valóság alatt. A testetek hazugságokhoz való ragaszkodása alakítja ki a konfliktusos valóságotokat, olyan rezgési valóságot hozva létre, amely bezár benneteket, és egy önmaga által felállított ketrecet hoz létre a pénz körül. Ez a gyakran teremtésnek tévesztett konstrukció valójában pusztítás, és semmi köze ahhoz, hogy magadnak válassz, elkötelezd magad, vagy együttműködj az Univerzummal, hogy az összeesküdjön a javadra.

Most pedig gondoljatok erre: Könnyű vagy nehéz benned az a meggyőződés, hogy a pénzed áramlása a jóságodtól vagy a rosszaságodtól, vagy az erőfeszítésed szintjétől függ? Vedd észre a belső viszályt, az ingado- zást, a tagadást, a védekező mechanizmusokat, a disszociációt és a szétkapcsolódást. Ismerd fel, hogy ebben a keretben nincs helye a választásnak, ami egy választás nélküli Univerzum illúzióját teremti meg.

Azonban biztosíthatom önöket, hogy ez sosem olyan korlátozott, mint amilyennek látszik. A hiedelmeitek és egyedi nézőpontotok az értékességről, jóságról, rosszaságról, kemény munkáról vagy annak hiányáról nem veletek kapcsolatosak. Ezeket a konstrukciókat ebben a valóságban halmoztad fel, morfondíroztad bele, és kijelentetted: "Ez vagyok én.

Üdvözöljük a pénzügyi valóságban. Én is megtettem.

8

___

PÉNZÜGYILEG VISSZAÉLÉSSZERŰ
VALÓSÁG

Őszintén szólva, még a visszaélések közepette is - a nemi erőszakok, amelyeket elszenvedtem, és azok, amelyeket átéltem - semmi sem olyan ijesztő, mint amikor nullát látok a bankszámlámon. Nincs kihez fordulni; amikor végre leesik a cipő, ki lesz ott melletted? Ez egy eredendően ijesztő hely.

Úgy vélem, ez a valóságunk valódi járványa. Ítéleteink, perspektíváink és az általunk elfogadott kényszeres pénzügyi, pszichológiai és pszichés valóságok megbetegítenek, boldogtalanná tesznek, és a kapcsolatok megválasztásához vezetnek bennünket - engem is beleértve. Olyan, mintha folyamatosan öntenénk a dolgokat, végtelenül letétbe helyeznénk, és soha nem jutnánk előbbre, mert folyamatosan kötelesek vagyunk ezt a jegyet lyukasztani.

63

Akkor ki az igazi elkövető, a valóság vagy mi?

Az egész egyfajta elkövetés, hacsak nem változtatunk egy fokot ezeken a hazugságokon. Szóval, milyen hazugságokról beszélek?

Az első az, hogy a pénz a bizonyíték arra, hogy igazad van vagy nincs. Hányan hisznek abban, hogy csak akkor lennének boldogok, ha lenne pénzük? Biztosan hihetnétek abban, hogy boldogabbak lennétek, ha lenne pénzetek, mert a pénz több választási lehetőséget ad, nem igaz?

Az igazság azonban éppen az ellenkezője. A pénz egyik hazugsága, amit remélem, hogy átadok nektek, hogy amit gondoltok, az nem az, amit kivetítetek. Hogy amit érzel és megtestesítettél, mint a szarok felhalmozó tárolóedényét - amit teremtésnek nevezel - az valójában az, ami a pénzedet és pénzügyi helyzetedet teremti, ellentétben azzal, amit tudsz.

Tudom, hogy mindannyian zseniálisak vagytok. Tudom, hogy rengeteg személyes munkát végeztek. Tudom, hogy olvastok dolgokat. És tudom, hogy okosak vagytok - itt éltek. Értem én. Én is itt éltem.

És mindannyian ragaszkodtunk olyan hazugságokhoz, mint a következő:

Be kell bizonyítanom, hogy érek valamit, és ezt pénzzel tehetem meg.

Csak akkor vagyok szerethető, ha van pénzem.

Csak akkor vagyok szerethető, ha másnak adok. Soha senki nem fog önmagamért szeretni.

Soha nem fogom tudni megengedni magamnak, vagy anyagilag függetleníteni magam. Mindig szükségem lesz valaki másra.

Egy kétjövedelmű család jobb, mint egy egyjövedelmű család.

Ezek mind hazugságok, amelyeket a tested testesít meg és tükröz a valóságodban. Miközben az elméd mindarra, amit itt mondok, nemet mond, a tested igent mond. Az elméd azt mondja "nem", a tested pedig "igen". Az elméd azt mondja: "Régebben voltam, a tested azt mondja, hogy még mindig vagyok".

Az egyik módja annak, hogy kiderítsük, hogy megvan-e ez a konfliktusos valóság, ha felteszünk néhány kérdést. Képzeld el, ha a pénzed úgy döntene, hogy beszél hozzád, mit mondana neked? Gondolj csak bele. Amikor ezt kérdeztem a workshopomon, az emberek így válaszoltak,

"Szerinted nem vagyok elég."

"Mi a faszom."

"Nem kell aggódnod miattam."

"Soha nem engedtél be."

"Neked kell gondoskodnod rólam."

De mik ezek a válaszok? Nem kellene egészséges kapcsolatot ápolnunk a pénzzel?

De ha hasonló válaszokat kapsz a pénzedtől, akkor tudod, hogy tévedtél. Rossz partner voltál.

Szóval, mennyire tévedsz? Kicsit tévedsz, mega tévedsz, vagy megatonnányi mokka-tápióka puding dióval a tetején?

Hányan hisznek közületek bizonyos mértékig a helytelenségük mértékében? Továbbá, hányan testetekben testesítitek meg a helytelenség érzését, egyszerűen azért, mert az elmétek meggyőzte erről? Ne feledjétek, hogy a testetek hihetetlenül intelligens, hiszen érzékszervként szolgál az érzékelés, a tudás, a létezés és a befogadás számára, olyan képességek, amelyeket sokan közülünk ritkán testesítenek meg igazán.

Tekintsük ezt a perspektívát "Túl"-nak - egy felismerésnek, amit így fogalmazott meg: "Nem is kellene itt lennem, ennyire rosszul vagyok". De a felszín alatt még mindig kutatunk, még nem értük el a magot. Az érzéstelenítés, a zsibbadás, a disszociáció és a ketrecbe temetett mélység szomnambulizáló valóságában lappang. Ha azonban elérjük azt a pontot, akkor ki tudjuk húzni.

Mégis, ez egy olyan döntést igényel, hogy éljünk, egy olyan döntést, hogy elfogadjuk a saját pénzügyi valóságunkat, függetlenül a történetünktől. Függetlenül származásodtól, egészségi állapotodtól, tragédiáidtól, traumáidtól vagy múltbéli tapasztalataidtól, semmi sem veheti el lényed belső lényedet. Egyetlen hazugság sem.

Amikor bevesszük ezeket a tévhiteket magunkról, és ennek megfelelően alakítjuk az életünket, a helytelenség érzésével átitatva, akkor ezt elkerülhetetlenül kivetítjük másokra is. Ez olyan, mintha a világot az ítélkezéssel színezett szemüvegen keresztül látnánk, ezt a koncepciót a Voice America Show "Seeing Through Abuse Colored Glasses" című műsorában vizsgáltam.

Hol ítélkezel magad felett a pénzzel kapcsolatban, állandósítva egy olyan pénzügyi valóságot, amelynek semmi köze a lényed lényegéhez? Akár az őseidhez, a szüleidhez, a személyes történelmedhez vagy a gyermekkori balesetekhez kötődnek, hajlamosak vagyunk ragaszkodni ezekhez a történetekhez, és ezek képére formáljuk magunkat.

Kihívom Önt, hogy szabaduljon ki ebből a körből, és váljon azzá, aki gazdagságot tud felhalmozni. Nektek, az itt jelenlévő egyéneknek megvan a hatalmatok, hogy megváltoztassátok ezt a valóságot, ha megengeditek magatoknak, hogy birtokba vegyétek - és ebbe a kijelentésbe magamat is beleszámítom. Soha nem engedtem meg magamnak, hogy rendelkezzek azzal, amit most tapasztalok.

Mégis, a gyógyulás legmélyebb megtestesítőjévé vált számomra. Kihívást jelent megfogalmazni, de az, hogy én vagyok, te vagy, elkötelezed magad, együttműködsz önmagaddal, magadat választod, és ebből a térből teremtesz - ez az igazság.

9

A PÉNZ TEREMT, AZ ÍTÉLET PUSZTÍT

Amikor apám New Yorkban ingatlanokkal és árverésekkel kezdett foglalkozni, az volt a feladatom, hogy a pincében üljek vele, ahol az irodája volt. Volt 16 lakása, amiket többlakásos házakból vásárolt, házak eladásából.

Begyűjtöttük a bérleti díjat, és ott voltak a pénzkötegek. A régi számológépeket és zöld lapokat használtuk akkoriban, mielőtt még nem volt számítógépünk. Leültem oda, és a számlát a számba vettem. Megszagoltam, és az egész elég koszos volt, de imádtam.

Aztán kaptam egy állást a bankban, és minden pénteken az összes ügyvéd bejött, és csak halmozták és halmozták a friss, ropogós 100 dolláros bankjegyeket, ezért is szeretem a 100 dollárosokat. Azt mondtam:

"Igen, gyertek a pénztárgépemhez. Meg akarom számolni a 100 dollárosokat."

Volt ez a rajongásom és szerelmi viszonyom egy olyan pénzügyi valósággal, amely egyszerűen boldoggá tett. Imádtam számolni és szerettem szervezni. Valójában minden barátom pénztárcájába belenéztem, és meggyőződtem róla, hogy rendezett-e a pénzük: egyesek, ötösök, tízesek, húszasok, ötvenesek, százasok.

Ismerek olyan embereket, akiknek csak a golyóikban van. Én ki nem állhatom. Azt mondanám nekik: "Mit csinálsz a pénzeddel, bánj vele jobban, szeresd, és majd jön hozzád".

Azt hiszem, egy kicsit kényszerbeteg vagyok, de ez jelentett nekem valamit. Csak ez a boldog molekuláris tánc volt számomra a pénzzel. Imádtam a bank páncéltermében ülni, és imádtam, amikor a Brinks jött. Amikor kocsival jöttek, mindig azt kérdeztem: "Igen! Melyik bankba mennek?". Megszállott voltam. Nem tudom, ti mit csináltatok gyerekkorotokban, de én a pénzt követtem.

A pénz jön a boldogság bulijára.

Nem jön a depresszió, a beszűkülés és az öröm bulijára.

És higgye el, amikor évekkel ezelőtt megbetegedtem egy életveszélyes rendellenességben, és az endokrinológus azt mondta: "Ölje meg, szedjen gyógyszert élete végéig, vagy vegyem ki a szervét", azt mondtam: "Kell lennie más választásnak is.".

"Nincs."

Emlékszel, amikor a dobozos dologról beszéltem neked - hogy engem nem lehet dobozba zárni? Ne mondd nekem, hogy nincs más választásom, mert meg fogom találni.

Aztán egy Theta Healing® Intézet nevű intézetbe kerültem, ahol 3 hónapot töltöttem. Három hónapon belül megszereztem a Theta Healing® mesterdiplomámat, és három hét alatt nem volt többé betegségem.

Azt mondta nekem, hogy nincs más, amit tehetne, mint gyógyszeres kezelés, műtét az eltávolítására, vagy bármi más, amit mondott - és én energetikailag meggyógyítottam az egészet.

Minden egyes fillért, amim akkoriban volt, arra fordítottam, hogy holisztikus gyógyítást végezzek magamon. Elengedtem a házamat, elengedtem a nyugdíjam, elengedtem mindent ezért a döntésért. Tudtam, hogy újra meg fogom csinálni. Körülbelül 1 millió dolláromba került, hogy természetgyógyászattal gyógyítsam magam. Egyetlen gramm gyógyszeres anyagot sem, és biztosítás nélkül. Nos, volt biztosításom, évtizedekig fizettem érte, de amikor eljött az idő, semmi sem segített a holisztikus gyógymódra való döntésem miatt.

Szerencsére volt egy rokkantsági biztosításom, amit a nagynéném kötött, és így elmentem a Theta Healing® Intézetbe, és megszereztem a Theta Healing® mesterképzést. Néhányan azt mondanák: "Ó, Istenem, meg kellene tartanod azt a pénzt, mert annyi adósságod van". Én azt gondoltam: "Ez meg fog gyógyítani engem, és ez lesz minden. Erre fogom használni azt a pénzt."

Használja a pénzét teremtésre, ne pusztításra. Az ítélkezés pusztít.

Azt hittem, hogy a Theta Healing® Intézet után végeztem, de amikor néhány évvel ezelőtt Balin landoltam, nem tudtam, hogy a "azt hiszem, végeztem az élettel" egy újabb szintje fog elém kerülni. További gyógyulás céljából mentem Balira.

Sok mindennek hátat fordítottam, és azt is éreztem, hogy a dolgok nagyon is egyértelműen hátat fordítottak nekem. Szóval amikor ott landoltam, megint egy ilyen csüggedt helyzetben voltam sok mindennel kapcsolatban, nem csak a pénzzel. "Mi értelme, mi értelme ennek, ennek, ennek, ennek és annak?".

Ott feküdtem a gyógyító kunyhójának egyik asztalán, mint az *Eat, Pray, Love* című könyvben. Bejött egy különleges személy, aki a testemen dolgozott, és szó szerint kihúzta a testemből ezeket a hazugságokat, amelyeket megtestesítettem. Csináltam erről egy rádióműsort a Voice Americán *The Shards of Abuse (Az abúzus szilánkjai)* címmel. Kihúzta a testemből, és az elmém azt kérdezte: "Miről beszélsz? Nem látok energiát, nem látok semmi ilyesmit, miről beszélsz?".

Aztán átadta nekem. Valójában egy szilánk volt.

Ez körülbelül 8 órát vett igénybe. Ez volt minden, amit a világról hordoztam magammal, ami miatt tudok ezekről a pénzes hazugságokról. Közel kerültem ahhoz a 8 órás kezeléshez, amikor ez a gyógyító kihúzta a testemből a dolgokat.

Aztán végül, amikor éreztem, a pszichikai érzékem még jobban megnyílt, és láttam az energiákat, láttam a hitrendszereket. Láttam a szavakat és az embereket. Láttam a képeket és a gyermekkoromat. Egy csomó mindent láttam. "Nem csoda, hogy kurvára meg akarok halni, értem én. Mi lehetne jobb, mint Bali? Könnyű."

Nos, valami más történt, vagy én választottam valami mást.

Abban a pillanatban azt mondtam: "Többet kell élnem, mert ami a testemből jön ki, az mind hazugság. És nincs az az isten, hogy hazugságok miatt haljak meg.

Kurvára élni akarok, és nagyot fogok élni, és üvölteni fogok."

Így döntöttem, és a vállalkozásom nevét a A Bántalmazáson túli Forradalom és a A Bántalmazáson túli Mozgalom helyett az Éld meg az üvöltésed!® - Éld a Radikálisan, Orgazmikusan élő valóságodat -re változtattam.

Azt gondoltam: "Túléltem mindezt. És ha túléltem, hogy szilánkok jöttek ki a testemből, és hogy valami öreg nagypapa fogott egy kést, és a mellembe szúrta, mondván: "Bocsánat, bocsánat, csak egy kicsit fog fájni, bocsánat, bocsánat, csak egy kicsit fog fájni, bocsánat, bocsánat, csak egy kicsit fog fájni, akkor" - Ez fájt, de azok a hazugságok jobban fájtak.

Az a sűrűség, amit a testedben érzel, hazugság, az nem te vagy.

Hány hazugságot vetítesz ki a pénzmozgásaidra?

Mert ezt tanultam Balin.

Volt egy vételi problémám. Fogadás megtagadása.

Bojkottáltam.

Nevetsz, mert tudom, hogy te is nevettél.

Szó szerint eljutottam arra a pontra, amikor már eleget szenvedtem és eleget haltam, és akkor úgy döntöttem, hogy mindent megkapok, bármi is legyen. Nem számított, mit kellett elveszítenem, nem számított, kit kellett elveszítenem, nem számított, hová kellett mennem, nem számított, mit kellett tennem, a könyvek eljutottak volna a világba, a rádióműsor vírusszerűen terjedt volna.

Most 205.000 hallgatóm van 30.000-ről. Az első könyvet ki fogjuk adni, és utána dolgozunk a többin. És, és, és, és, és, és, és, és, és, és, és teljesen - sőt, tegnap óta az egész csapatot, akikkel dolgoztam - 12 embert - kirúgtam, 30 napos felmondási időt adtam nekik, és újrakezdtem.

Amikor azt mondom, hogy megvan, akkor megvan.

Menj nagyot vagy menj haza, ez történt Balin.

Én már korábban is éltem valamit ebből, de amikor a szemed nyitva van, és látod az összes hazugságot, és meghozod ezt a döntést, a gondviselés is mozog. Mit tettem? Magamat választottam, elköteleztem magam mellett, együttműködtem az Univerzummal, amely összeesküdött, hogy megáldjon engem, és teremtettem.

Egyetlen ember sem felelős semmiért. Egyetlen szívfájdalmamnak vagy annak, akivel együtt voltam, semmi köze nem volt máshoz, mint amit én választottam. Nem egy probléma, nem egy nemi erőszak, nem egy bántalmazás, nem egy ügyfél nehézsége, nem egy jogi helyzet, nem egy családi helyzet, nem számított.

Nem érdekelt, hogy kit vagy mit veszítettem el, nem akartam többé elveszíteni magamat. Magamat akartam választani. És soha többé semmi sem lesz ilyen. Semmi sem fog kivetülést, elválást, elvárást, neheztelést, elutasítást, megbánást tartalmazni. A testem nem fog többé szenvedni, az elmém nem fogja ugyanazt az utat járni, mint eddig.

Minden, amit ezután a pillanat után ettem, más volt. Minden, amit megittam, más volt. Minden, amit a testembe tettem, más volt. Mindenki, akivel megosztottam a testemet, más volt. Komolyan, minden más volt.

Van egy bizonyos étel, ami mindig is a tartalék pozícióm volt, és egyszerűen imádtam: a pizza. Kaliforniában lehet kapni gluténmentes pizzát, de Texasban nehéz hozzájutni. Itt viszont lehet gluténmentes pizzát kapni, a Good Earth-ben. Náluk van a legjobb gluténmentes gombás pizza, de amikor ma megláttam, a testem azt mondta: "Zöldek".

Ez csak egyfajta rezgés, és amikor már nem érzékelitek a hazugságokat és nem tartjátok magatokat azokhoz, a rezgés nyilvánvalóan megváltozik. És akkor amit vonzol, teremtesz, létrehozol és létrehozol, az megváltoztatja és frissíti ezt a rezgést.

10

VEGYE ÁT AZ IRÁNYÍTÁST

Hányan kerülik el közületek a pénzáramlást, amit kaphatnának, ha nem hajlandóak bírálható bűncselekményt elkövetni ebben a valóságban? Képzeljétek el, mennyivel több pénz érkezhetne hozzátok, ha nyitottak lennétek arra, hogy mindenki és minden megítéljen benneteket anélkül, hogy hagynátok, hogy ez hatással legyen rátok. Az elképzelés az, hogy amikor aktívan próbálod magadat megóvni az ítélkezéstől, akaratlanul is a kritika célpontjává válhatsz, ami akadályozza a pénz áramlását az életedbe.

Amíg beteg és depressziós maradsz, addig az ítélkezés célpontja vagy. Amíg áldozattá válsz, nem választhatod meg a valóságodat, addig az ítélet céltáblája maradsz. Amíg ujjal mutogatsz a másik oldalra, addig az ítélet céltáblája vagy.

Ha elkezdesz ujjal mutogatni, jobb, ha elhiszed, hogy 100 millióan jönnek, hogy megöljenek téged.

Nemrég volt egy olyan élményem egy órán, ahol a szórólapjaim kint voltak egy asztalon, és amikor a következő szünetben visszatértem, az összes szórólapom és minden, ami a műhelyeimről szólt, eltűnt, teljesen eltűnt, szándékosan.

Akkoriban bevettem azt a hazugságot, hogy valami baj van velem, hogy tettem valamit, ami miatt valaki ezt akarta tenni - *hogy* ezt tettem. És aztán, amikor kiléptem ebből, azt gondoltam: "Hű, az, ami vagyok, az egy ítélkezésre alkalmas sértés annak az embernek, azoknak az embereknek a valóságában".

Rájöttem, hogy a legnagyobb hazugság, amiben éltem, az az, hogy ezek közül néhányat én hoztam létre.

Néha rá kell jönnöm, hogy amit én létrehozok, az valójában többet teremt másoknak, és ez nem az én helytelenségem. Ez egy olyan képesség, amibe megtanultam belelépni. Nem gondoltam volna, mert soha nem úgy jelenik meg, ahogyan az ember gondolja.

Egy kérdéssel hagyom itt önöket:

Valahányszor pénzszűkületbe, ketrecbe kerülsz, kérdezd meg magadtól: "Mit teremt ez, vagy mit fog ez teremteni?".

Engedd meg magadnak, hogy érzékeld ezt.

Ha nehéz, azonnal váltson. Ha könnyű, menj rá, és vedd észre, hogy bármit is választasz, 10 másodperccel később mindig van másik választás.

Semmi sem akadályoz meg abban, hogy olyan pénzhez jusson, amilyet szeretne és amire szüksége van ahhoz, hogy álmai életét élhesse.

Néha a spirituális emberek úgy döntenek, hogy nem lesz pénzük. De egyetlen általam ismert Isten sem akarja, hogy ne legyen mindenünk, mert mi vagyunk az emberek, ti vagytok az emberek, és az emberek várnak rátok odakint, akik valóban megváltoztathatják ezt a valóságot azzal, hogy pénzük van.

Olyan módon is elkölthetnéd, hogy tudatosan megváltoztathatnád ezt a valóságot. Az embereknek hallaniuk kell a hangodat, függetlenül attól, hogy milyen életpályán vagy, hogy mit csinálsz, és ez a valóság a pénzen múlik. Egyszerűen így működik.

Te választhatod meg, hogy milyen nézőpontot és valóságot akarsz teremteni azzal, ahogyan ez a valóság működik - és nem irtod ki, nem halsz meg, nem lépsz el, nem csatlakozol, vagy nem tartod magad szenvedésben. A radikálisan, orgazmikusan élő valóság radikális szövetségeseddé, orgazmikus szövetségeseddé válik.

Hozzon létre egy élő valóságot a pénzzel - dupla kutya-kihívás.

Légy önmagad, mindenen túl, és teremts varázslatot.

11

A PÉNZ ENERGIÁJA

Az egyik kedvenc módszerem a megtévesztés megvitatására az, hogy sok nevetést viszek a beszélgetésbe. Világszerte utazom, segítek az egyéneknek a traumán való átmenetben és a visszaélések utáni teremtésben. Ehhez szükség van egyfajta könnyedségre és szórakozásra, mert enélkül a folyamatot keserű pirulának érezhetjük.

E fejezet nyitányaként szeretném megkérdezni, hogy nyitott lennél-e arra, hogy megengedd magadnak, hogy csak egy százalékkal több pénzed vagy készpénzed legyen, mint amennyid valaha is volt. Most pedig gondolja végig: Mennyibe kerülne neked, ha nem hoznád meg ezt a döntést? (Hányós zacskók a hátsó sorban kaphatók.)

Személy szerint nemrégiben egy sarkalatos döntéssel szembesültem a vállalkozásommal és egy új marketingcég felbérlésének lehetőségével kapcsolatban. A döntésem abban merült ki, hogy mit ne tegyek, és mit akarok igazán tenni. Ha az utóbbi mellett döntöttem, az azt jelentette, hogy jelentős számú embertől kellett megválnom a vállalkozásomban, de el voltam szakadva, mert kedveltem ezeket az embereket, és sok energiát fektettem a munkájukba.

Szánjon rá egy pillanatot, hogy tükörbe nézzen: Hol találtad magad hasonló helyzetben?

Ez gyakran a pénz vagy a készpénz hiányára vezethető vissza. Aztán jönnek az indoklások: "Nem vagyok elég jó. Nem érdemlem meg. Még megbántok valakit." Megalkotjuk ezeket a narratívákat, ezeket a hazugságokat.

De mi lenne, ha azt a választást választanánk, amelyik mindenhez vezet, amire vágyunk, azt, amelyik könnyebbnek és igazabbnak tűnik, szemben a hazugsággal, ami nehezebb és sűrűbb?

Miért vonzódunk ebben a valóságban a hazugság, a sűrűség és a nehézkedés felé? Megteremtjük ezeket a hazugságokat, és életre keltjük őket, hogy aztán csodálkozzunk, miért érezzük néha szükségét annak, hogy elszigeteljük magunkat, vagy miért táplálunk haragot másokkal szemben.

Személyes tapasztalatból beszélve, a disszertációmat a "Léleknyomtatás" nevű koncepcióról írtam. A léleklenyomatunk az ujjlenyomatunkhoz hasonlít - egy egyedi jel, amellyel mindannyian rendelkezünk. Mindannyian hordozunk egy különálló esszenciát, amiért itt vagyunk, hogy lenyomatot adjunk a valóság szövetének.

Amit teszel, az a te egyedi hozzájárulásod. Legyél akár ügyvéd, ápoló, facilitátor, akupunktőr, audiovizuális művész, masszőr, szülő, befektető, tanár vagy rendőr - ez a te lenyomatod. Mindannyian rendelkeztek valami egyedivel, ami könnyedén jön nektek, amit szerettek. Mégis, különböző okok miatt lehet, hogy félreteszitek, és más utat követtek.

Ha elfogadod a lélek lenyomatodat, és megengeded magadnak, hogy teljes mértékben megtestesítsd azt, akkor megnyílik az ajtó a könnyedség, a pénz, az öröm, a kiteljesedés, az egészség, a gazdagság és a szórakozással és lehetőségekkel teli élet felé. Ha belépsz autentikus énedbe, akkor egy teljesebb és virágzóbb létezés valószínűségét nyitod meg.

Térjünk rá a befogadás témájára, különösen a pénz energiájára. A saját hátteremhez tartozik, hogy egy erőszakos és bántalmazó háztartásban nőttem fel, ahol fiatalon belekerültem a gyermekpornó-modellezésbe. Ez a tapasztalat betekintést engedett a pénzzel való visszaélésbe és a kemény munka frusztrációjába, anélkül, hogy anyagi jutalmat aratnék. Megértem, milyen érzés a pénzzel szemben neheztelni, bizalmatlanságot táplálni a körülöttem lévőkkel szemben, beleértve a családtagokat, intézményeket és szervezeteket. Kiállni, kiöltözni, fényképezkedni, mosolyogni - és mégsem kapom meg a járó kompenzációt, hanem valami egészen mást, sötétet és rejtettet a színfalak mögött.

Gondoljuk meg ezt a kérdést: Ki vagy te a pénzzel, a készpénzzel kapcsolatban?

Amit felfedeztem a pénzzel kapcsolatos hazugságokról, amiket magunknak mondunk, az az, hogy két fő hazugság körül forog: *ki vagyunk a pénzzel, és mi vagyunk a pénzzel.* Az általunk kibocsátott energia jelentős szerepet játszik, és ezen az energián belül egy bizonyos valóságot teremtünk. A "ki" és a "mi" felismeréséről van szó.

Vegyük ezt figyelembe: Ha "ki" és "mi" vagy, akkor mi nem vagy? Önmagad. Mégis, tévesen igaznak címkézheted ezt az állapotot.

Az ebben a pillanatban jelenlévő energia az általunk megtestesített hazugságok megjelenítése. A hazugságokkal foglalkozom, a bevallott és a rejtett, a látható és a láthatatlan hazugságokkal. Lehet, hogy néhányan közületek nincsenek teljesen tisztában a "mit" és a "kit", de ha felfedezitek, hogy kire támaszkodtatok a pénzáramlásotok megteremtésében, az kezdetben frusztrációt okozhat, amit mély hála követhet.

12

KI, MI ÉS ÍTÉLETEK

Most pedig vizsgáljuk meg a harmadik hazugságot: az ítéletek, amelyeket nem vagy hajlandó elfogadni, akadályozzák a pénzügyi jólétedet. Csábító lehet, hogy ezt túlterheltnek, a "ki", a "mi" és az ítéletekbe való belemerülésnek tekintsük. Ha azonban össze kellene foglalnom a pénzzel kapcsolatos hazugságot, akkor az egy "ki"-ből, egy "mi"-ből és egy ítéletből áll.

Az önértékelésed nincs összefüggésben a nettó értékeddel.

A workshopjaim során többször tapasztaltam, hogy valóban bennünk van, hogy felismerjük a hazugságokat, amelyeket úgy döntünk, hogy elhisszük és megvalósítjuk. És ha úgy tetszik, ezeknek a hazugságoknak a leleplezésére van szükség ahhoz, hogy mindezt leleplezzük, és meglássuk, mi az igazság.

Annyi hazugság van, hogy az emberek nem hajlandóak veszíteni, hogy valóban választhassanak. Mindannyian tudjátok ezt, de én mégis elmondom.

Az irónia az, hogy végtelen lényekként a készpénz és a pénz szabadságot, választási lehetőséget és lehetőséget biztosít számunkra. Akkor ennek a tudatosságnak a ellenére miért tesszük ki magunkat folyamatosan stressznek, viszályoknak és a nem elégségnek, és miért kényszerítjük magunkat választásra olyan szükségletek között, mint a nyaralás és a nyugdíj? Logikailag ennek kevés értelme van.

Most pedig vizsgáljuk meg ezeket a hazugságokat: Ki vagy te a pénzzel? Mi vagy a pénzzel? Az ítéletekkel külön fogunk foglalkozni. Értsd meg, hogy a pénzügyi valóságodat a "ki", a "mi" és az ítéletek alakítják, amelyeket nem vagy hajlandó elismerni. Készen állsz arra, hogy ezen akár csak egy fokkal is többet változtass?

Csak egy fok.

Menjünk a kihez. Szedjük le rólad a hazugságokat.

Ugye nem tudtad, hogy egy súlycsökkentő klinikára mész? Ahelyett, hogy a hasamba kerülsz, a hasamból fogsz kijönni.

Majd kitalálok jobb vicceket. De előbb legyezgetnem kell magam a százdollárosokkal. Nevessünk a pénzáramlásunk általunk létrehozott disszociatív fugáján.

Például emlékszem az apámra. Fogott egy köteg 100 dolláros bankjegyet, úgy húsz darabot, és a gyerekkori házamban a pultra tette az oldalsó ajtó mellé anyámnak. Ezt minden héten hétfőn tette, mielőtt kilépett az ajtón.

Gyerekkoromban azt mondtam: "A fenébe, igen."

Aztán ott volt az anyám... dobpergést kérek... aki nagyon mérges volt rá, nagyon mérges. Szépnek tűnt - 2000 dollár. Csak azért hagyta ott, hogy minél hamarabb eltűnjön onnan, és pénzzel etesse. Elvenné azt a pénzt, és rávenné, hogy szerezzünk dolgokat. Kértük valaha is őket? Akartuk őket?

Nem tettem, mert az egyik ilyen dolog 8 vagy 10 olyan hülye, ijesztő Cabbage Patch baba volt. Örökbefogadási papírokkal vagy ilyesmi. Ez volt a nagy őrület az 1980-as évek elején. Aztán felrakta őket a szobám legfelső polcára, én meg bementem a szobámba, és azt mondtam: "Ó, Istenem! Mi ez?" Mert szükségünk volt rá.

Aztán tornacipők és ruhák nekem, a bátyámnak és a nővéremnek - egyszerűen minden -, és aztán eltűnt. Mindenféle tevékenységben részt vettünk. Ismétlem, soha nem kértük, kényszerítettek, hogy részt vegyünk.

A pompomlányok, utáltam. Még mindig emlékszem a szurkolásra. "S-U-C-C-C-E-S-S. Így betűzzük a sikert", bármi is volt a csapat. Utáltam minden percét, ahogyan utáltam felállni és modellkedni is.

Számomra a pénznek sokféle jelentése volt. Jelentett visszaélést. Neheztelést jelentett. Azt jelentette, hogy tűnjünk el. Menekülést jelentett. Azt jelentette, hogy "FU". Azt jelentette, "Elkaplak". Minél többet költött a pénzből, annál többet kellett adnia a pénzből, és annál többet kellett elmennie és dolgoznia a pénzért. És minél inkább elment és dolgozni ment a pénzért - nos, mint kiderült, létrehozott egy másik családot, amelyet támogatott, amit csak sok évvel később tudtunk meg. Ez volt az, amit csinált.

Talán én is megtenném, tekintve, hogy mi történt ott.

Egyre neheztelőbb lett, egyre dühösebb, egyre drágább, és ez a sok neheztelés egyre csak nőtt kettejük között.

Aztán azt mondták egymásnak: "Szeretlek".

Itt vagyok én, egy kisgyerek, aki nézi őket. Ez egyébként még mindig a "ki" - a pénz első hazugsága. Van ott egy csomó.

Szóval, bejönnek és azt mondják: "Ó, szeretlek". "Én is szeretlek."

Én pedig úgy nézek rájuk, hogy "Valami hazugság folyik ott, mert alatta a halál és a pusztítás, a jégcsákányok, a fegyverek, a macséták és a sarlók, és, és, és a harmadik világháború gyomra van.".

Választanom kellett, hogy mi leszek.

Hogyan választasz gyermekként az édesanyád és az édesapád között?

A legrosszabbat és a legjobbat választottam közülük, ahogy az ember 3, 4, 5, 10, 15 vagy 20 éves korában teszi.

Leginkább gyűlöltem őt és mindent, ami a pénzzel kapcsolatos, ahogyan ő volt. Évekig hibáztattam őt. Szerettem őt, mert vele ültem a pincében, dolgoztam és kezeltem a bérleti díjakat a bérházaiban. Ő vicces volt, ő meg gonosz. Vagy legalábbis a bennem élő gyerek így hitte.

Könyvelő volt, üzleti és ingatlanügyekből szerzett diplomát, és a nyolcvanas évek elején az egész nagy dolog a lakóházak és az elárverezett ingatlanok eladása volt New Yorkban, New Jerseyben és az egész Hudsonon. 10.000 dollárért szerzett 20 családos lakóházakat, mert azok elárverezés alatt álltak. Dollármilliárdokat keresett anélkül, hogy dollármilliárdokat tett volna ki.

Gyerekként az volt a feladatom, hogy ott üljek vele a pincében. Volt egy íróasztala. Nekem meg az én asztalom. Olyan profinak éreztem magam. És távol voltam tőle. Komolyan.

Azt mondtam: "Igen, apa!"

Sok más dolgot is megtanultam. Számoltam a pénzt. Emlékszel azokra a zöld könyvelő izékre és ceruzákra? Emlékszel a radírral ellátott ceruzákra? Azokra a régi számológépekre és miegymásra?

Szó szerint készpénzben. Teljesen készpénzes üzlet volt. Az én feladatom volt a bérleti díjakat kiegyenlíteni, a pénzt megszámolni, és rendet tenni. Ezért a mai napig rendet teszek a pénzemben. Ezt neki köszönhetem. Látszik rajta a szeretet. Az én százasaim maradnak a százasoknál. Minden rendben van. Nekem nincsenek irányítási problémáim. Nem vagyok kényszerbeteg. Csak szeretem, ha a pénzem rendezett. Gyerekkoromban is ezt csináltam.

Egy halom pénz... Megnyaltam. Imádtam.

Imádtam az illatát. Szerettem az ízét.

A főiskolai éveim nyarán még egy bankban is dolgoztam, mert szeretem a pénzt. Imádtam, amikor a Brinks teherautók jöttek. Bementem velük, és játszottam az ékszerekkel és a pénzzel. Ezt tőle tanultam.

De ez a pénzzel kapcsolatos polarizáció azért lett, mert mit gondoltam az anyámról, amit jövő évig hallanál, ha elkezdenék. Ő volt a legjobb forrásom a legjobb stand-up komikus dolgaimhoz a facilitálásomban. Annyi mindent tanultam tőle.

Igazodnom kellett hozzá, és egyet kellett értenem vele, miközben ellenálltam neki, és reagáltam rá, és ez a pénz körüli különböző hazugságokat hozta létre. Egyrészt azt kellett megvalósítanom, amit ő mondott nekem, másrészt pedig azt, amit ő jelentett számomra egy másik módon.

És amikor egy széttartó valóságot valósítasz meg, nem kapsz mást, csak katasztrófát és válságot.

Most pedig a "mi". Mi vagy, amikor a közösség vagy - az anyád, az apád, a rejtőzködés, a nem megosztás - mindaz, amiről már beszéltünk.

Mi vagy te? Az igazság.

Mi vagy te a pénzzel, amikor a "ki"-ben élsz?" A "who-ville-ben" élsz, ami "pooville".

Mi vagy te? Mindenki más gondolatai és érzései. És amikor ez megvalósul, mi az?

Ez hazugság. Nem igaz.

Nem te vagy az.

De szó szerint, mi vagy, amikor hazug vagy? Hogyan mutatkozik ez meg számodra? Mi vagy te?

Fáradt. Megszorult. Ez a "mi".

Szóval itt vagy te a "ki" - az apád, az anyukád, a közösséged, a világ, igaz?

És most te vagy a "mi", ami a rabszolga, a "nem tudok, nem akarok".

Ez a "mi" hazugság. És a 'ki' nem is a tiéd, hanem te valósítod meg, és te éled meg. Így aztán te leszel a rabszolga. A megszorítás. A beteg. A krónikus, fáradt. A "Nem számít, mennyire igyekszem... annyi mindent megtettem... már mindennek meg kellett volna változnia. Annyi pénzt költöttem."

Tudod mi történik, ha hiszel? Magad mögött hagyod a tested.

Tehát mindazt a "mit" - ezt a beszorító energiát -, amiért mindent kockára tennétek, és amiért hátrahagynátok a testeteket, végleg meg kell változtatni.

Mert magamról tudom, hogy amikor magamnak választok, akkor elkötelezem magam, és együttműködöm az univerzummal, amely összeesküvést sző, hogy megáldjon engem. Alkotok; mindenkivel törődöm, beleértve magamat is.

De valójában még okosabb vagyok, és tudom, ha valaki olyasmit mond nekem, amin vagy változtatni akar, vagy csak hazudik nekem.

Ha úgy döntesz, hogy valakinek a kifejezett kérése nélkül segítesz, fennáll annak a veszélye, hogy az illető neheztel rád. És akkor az úgy fog rád ragadni, mint a ragasztó.

Tehát minden gyűlöletüket, minden kivetítésüket, minden elkülönülésüket, amit a testetekre zártatok, és ami a "ki" és a "mi" mint a pénzügyi valóságotok létrehozta, meg kell oldani.

13

——

KÉSZPÉNZ VS. PÉNZ

Gondoltál már arra, hogy mi a különbség aközött, ahogyan a pénzzel érzed magad, és aközött, ahogyan a készpénzzel érzed magad? Érezted már úgy, hogy az egyik sűrűbb, mint a másik?

Megfordíthatod, ahogy neked megfelel, bármi is legyen az, ami neked megfelelő és könnyű. Semmi sincs kőbe vésve.

Valójában tartottam egy workshopot - egy telefonbeszélgetés-sorozatot -, melynek címe: A *pénzáramlás hiányának* elvesztése. Nyolc hetet töltöttem csak a készpénzzel, bár tudom, hogy a készpénz az pénz.

Csak van valami különálló dolog, és erre nem igazán tudok közvetlen választ adni. Az én érdekes nézőpontomat tudom elmondani.

Tudom, hogy van pénzem a bankban, nyugdíjam és befektetéseim. És tudom, hogy van készpénzem. De a készpénz, amit szeretnék, másképp lenne, mint a pénzem. Szeretném, ha a pénztárcámban lenne, bár nem minden pénzem fér el a pénztárcámban.

Amikor utazom, és sokat utazom a világban, szeretem, ha van nálam készpénz, méghozzá sok készpénz. Szeretem mindig tudni, hogy ha például Indiában vagy, és ellopják a kártyádat, és nem tudsz visszajutni az Államokba, és nem tudják, hogy te vagy, mert a mobilod nem kapja meg a kódot, amit el kell küldeniük neked, hogy megmondják, hogy te vagy, és nincs pénzed, és nem tudsz vele sehova sem jutni - ez az az energia, amiben nem szeretnék benne lenni.

És túl sokszor voltam már benne, és túl sokszor láttam már nullát a bankszámlámon.

Szóval szeretem, ha van pénzem, és szeretem, ha van készpénzem. Mindkettővel szeretek játszani. Ez az én érdekes nézőpontom. És ehhez egy csomó hazugság is társulhat. Erről eszembe jut egy műhelybeszélgetésem interakciója egy résztvevővel. Amikor a készpénzzel és a pénzzel kapcsolatos nézeteimet ismertettem, ő a saját kíváncsiságával válaszolt.

Azt mondta: "Szóval ez nagyon jó. Köszönöm a felvilágosítást, mert ez tényleg máshová viszi. A készpénzzel kapcsolatban aztán a te pontodra, rájöttem, hogy a pénzt kényelmesebbnek és biztonságosabbnak érzem, mert szinte megfoghatatlan. A készpénz kézzelfogható, és talán azért, mert ahol én felnőttem, ott, ahol ilyen mennyiségű készpénzzel rendelkeztél, nagy figyelmet keltett, és így ki lehetett rabolni. Elmenni a bankba, és felvenni egy hatalmas mennyiségű készpénzt olyan ijesztő volt."

"Hol nőttél fel?"

"Venezuela."

"Igen, jól ismerem. Venezuela, a két könyvsorozat országa. Amit te mutatsz, és amit senki sem tud."

"Szóval miután ezt mondtam, azon tűnődöm, hogy van-e hazugság a dolog mögött, mert a pénzzel jól elvagyok, de ha készpénzről van szó -"

"Van egy hazugság. Épp most mondtad, hogy ha készpénzt tennék ki, akkor kirabolnák. Ellopnák. Tehát itt van a 'ki' pont ott. Ez a hazugság."

Azt a hazugságot éltette, hogy a készpénzt mindig kirabolják. És ez bizonyára sok problémát okozott neki, ahogy azt el lehet képzelni.

Tegyük fel, hogy a hazugság a kerékagy, és te elhiszed.

A kerék küllőkkel kell a helyükön tartani a hazugságot. Aztán köré kell tenni a felnit, hogy a kerék a helyén maradjon, majd a gumit köré, és ezt meg kell ismételni a másik oldalon is.

Annyira bele vagy szorulva a megrögzött nézőpontodba, hogy semmi más nem jut eszedbe, mint hogy elrabolják a pénzedet. Tehát ahelyett, hogy "Pénz jöjjön, pénz jöjjön, pénz jöjjön", inkább azt mondod: "Lopjatok tőlem, lopjatok tőlem, lopjatok tőlem, kérlek. Vedd el tőlem, vedd el tőlem, vedd el tőlem."

Ez olyan, mint a "Kérjetek és megkapjátok". Az univerzum összeesküszik, hogy megáldjon téged. Nincs különbség aközött, hogy mit teszel ki, és mit ad neked. Pontosan azt adja, amit kérsz.

Ha azt hiszed, hogy valaki hazudik neked, akkor követni fogod a hazugságot. Ha azt hiszed, hogy valaki lopni fog tőled, akkor vonzani fogod azt a tolvajt. Ha azt hiszed, hogy segítened kell valakinek, és jobban tudsz segíteni, mint ahogyan ő tudna magának segíteni, akkor el fogják lopni a dolgaidat, vagy szerzői jogokat, bármit.

Ezek mind rögzített pozíciók. És korlátozzák a lehetőségeidet.

14

─────

ÍTÉLETEK

Amikor meggyógyítottam magam egy életveszélyes betegségből az energiagyógyítás és a Theta Healing™ segítségével - annyira féltem, hogy az engedélyező bizottságok fel fognak hívni és elveszik az engedélyemet, mert emberekre tettem a kezem. Ez egy elég nagy ítélet. Átmentél már valaha egy ilyen felülvizsgálaton? Én már átmentem egy párszor. Nem vicces. Szóval, találj ilyen ítéleteket.

Fogd ezt az energiát, bárhol is tapasztaltad, bármilyen helyzet is van az életedben, és érzékeld, hogy hol érzed a testedben. Most, csak egy pillanatra, tágítsd ki a térenergiádat millió mérföldre, felfelé, lefelé, balra, jobbra, előre és hátra, még mindig érzékelve, hogy az az ítélet hol ért téged a fejedben vagy a testedben.

Bármi legyen is az - a legnagyobb félelmed, a legnagyobb aggodalmad - és bárhol is van - lélegezz energiát be elölről, hátulról, jobbra, balra, fel a lábadon keresztül, le a fejeden keresztül.

Most pedig legyen akkora, mint a Föld.

És egyre nagyobb és nagyobb, még mindig érzékelve ezt az ítéletet.

Most pedig húzd ki az ítéletet - "Én őrült vagyok, te őrült vagy, te egy seggfej vagy, nem kellene azt csinálnod, amit csinálsz, nem érdemled meg ezt az engedélyt, azt az engedélyt, te csak nárcisztikus vagy, csak a pénzemet akarod, te egy őrült vagy". Le kéne lőni, megölni, megcsonkítani, megkínozni, kibelezni (az egy másik élet) - bármi is az, csak húzzák végig rajtad.

Most fordítsátok meg ezt a molekulát, bárhol is érzékelitek ezt az energiát a testetekben, ha még mindig ott van. Visszaadjátok ezt az ítéletet a feladónak tudatossággal, és mondjátok el, hogy mit észleltek.

Könnyebb, tágasabb, vagy sűrűbb és szűkebb?

Egy, nem zártak be az ítéletbe. Kettő, fogtad az ítéletet és kiterjesztetted azt, mint teret. Amikor az ítéletet és a sűrűséget térrel ütköztetitek, a sűrűség felszabadul és a tér uralkodik.

A legtöbben megszorítjuk, védekezünk, és az amerikai dolgot csináljuk, ami a pereskedő társadalom dolga. Elmegyünk egy ügyvédhez. Nem igaz? Megszorítjuk és védekezünk.

Ahelyett, hogy ezt ítélkezéssel tennénk, ami a belső dolog, mi ezt úgy robbantjuk ki, hogy teret tágítunk, mint teret, áthúzzuk magunkon, megkérdezzük a testünket, hogy mi van mögötte, és teret teremtünk, ami aztán több lehetőséget, több választást, több lehetőséget ad, és többé nem ragadunk be valaki más kátránybabájába.

Tedd azt, amit mondtam, vagy amin keresztülvezetlek, mert ez megnyitja a teret, hogy kiszabadulj a "ki" és a "mi" hazugságából, amivé magadat változtatod, ahelyett, hogy a számodra igaz pénzügyi valóságot látnád.

Amikor a választás, a lehetőség, a teremtés és a generáció része vagy, akkor hozzáadsz.

Tehát az összes ítéletet, amitől félsz, hogy megkapod, elfogadnál egy kicsit többet belőlük, hogy valóban megkaphasd a pénzügyi jólétet és bőséget, ami valóban a tiéd?

Tehát, amíg az ítéleteket megtartja, korlátozza a pénzmennyiséget, amellyel rendelkezhet, és korlátozza azt a pénzmennyiséget, amelyet az emberektől kaphat. Ez az igazán furcsa dolog, szóval ez egy újabb hazugság.

A hazugság az, hogy ha blokkolod az ítéleteket, akkor szabad leszel.

De azt mondom, hogy ha megkapjátok az ítéleteket anyagilag, akkor több pénzetek, több készpénzetek és több választásotok lesz.

És mi kellene ahhoz, hogy naponta százmillió dollárt teremtsünk? Miért használok százmilliót? Mert annyi ítélet van benne, és annyi módja is van, hogy még csak nem is lehet semmilyen formát, struktúrát vagy jelentőséget köré tenni. Amikor a sűrűség találkozik a térrel, a sűrűség szétoszlik. Amikor a tér találkozik a sűrűséggel, a tér uralkodik. Amikor a tér uralkodik, a választás, a lehetőség, a hozzájárulás. Csá-csá, csá-csá, csá-csá.

Pénz jön, pénz jön, pénz jön, pénz jön, pénz jön.

Mondd velem együtt: "Jöjjön a pénz, jöjjön a pénz, jöjjön a pénz", és érzékeld, milyen érzés ez számodra.

Itt a feladat:

Kérdezd meg: "Mi az én pénzügyi valóságom?" Írd le, és ragaszd ki a tükrödre, vagy írd fel a jegyzettömbödre, vagy mondd el a hangrögzítődbe.

Ha a "ki" vagy a "mi" kérdésében vagy, vagy nem vagy hajlandó meglátni az ítéleteket, kérdezd meg magadtól: "Mit fog ez létrehozni?". Ez ugyanaz a kérdés, de két különböző nézőpontból.

A pénzügyi valóságod energiáját, terét és tudatosságát akarod aktualizálni, és meg akarod tisztítani a "ki", a "mi" és az ítéletek elfogadásának elutasítását, hogy ténylegesen megkaphasd a pénzügyi valóságodat.

"Szóval, mi lehetek vagy mit tehetek ma, hogy azonnal megkapjam a pénzügyi valóságomat?"

Úgy kell döntened, hogy önmagad leszel. Válaszd, hogy elkötelezed magad. Válaszd, hogy együttműködsz az univerzummal, amely összeesküszik, hogy megáldjon téged, és válaszd a teremtést.

A kérdések tehát a következők:

Mit fog ez létrehozni? Ki vagyok én?

Mi vagyok én?

Milyen hazugságokat veszek be?

Ha ez a pénzügyi valóságod része, akkor fogadd el az ítéleteket, és továbbra is válassz helyetted, teremts helyetted, működj együtt az univerzummal, amely összeesküdött, hogy megáldjon téged, majd kötelezd el magad amellett, amiről tudod, hogy igaz.

Ne feledd, hogy végtelen lény vagy, aki végtelen lehetőségeket képes teremteni.

Soha ne korlátozza magát. Soha ne szorítsd be magad. Soha ne zárkózz be. Soha ne pusztítsd el magad.

És csináld azt, amit szeretsz, a hiteles pénzügyi valóságodból kiindulva.

15

A FÉNY, JOBB ÉS TÁGASABB

Szeretném, ha szánnátok egy pillanatot arra, hogy észrevegyétek a testeteket és az elméteket - hogyan érzékelitek és érzitek magatokat, mert ennek a fejezetnek a vége után talán másképp, tágasabbnak fogjátok érezni magatokat.

Hadd meséljek el először egy rövid történetet; ez egy vicces kis dolog, amit a műhelyeimben csinálok. Gyakran előfordul, hogy a pénzről és a pénzügyi szabadságról szóló workshopok során az óra elején előveszek egy köteg pénzt... mert, nos, ez szórakoztató. És kiderült, hogy tényleg a százdollárosok megszállottja vagyok. Annyi energiát adunk ennek a papírdarabnak, nem igaz? Ráadásul nagyon király érzés, hogy egy 14 karátos arany pénzcsipesz tartja össze.

Azért mondom ezt, mert ez annyi kivetítést, ítéletet, félelmet, vágyat és haragot hoz felszínre. És ez az, amiből élek - mindezekről a dolgokról beszélgetni valami ilyesmi miatt.

Szóval én ezt a pénzköteget hoznám először, szándékosan. Rá akartam venni az embereket, hogy nézzék meg a pénz valóságát, azt, hogy fizikailag mi is az. És azt akarom, hogy ti, az olvasóim, ugyanezt tegyétek.

Hányan, köztük én is, hajlítottak, hajtogattak, csonkítottak és tűztek össze magukat, hogy száz dollárt, vagy akár csak egy dollárt keressenek?

Ezért kell leleplezünk a pénz hazugságait, mert olyan messzire nyújtózkodnánk, hogy megszerezzük. Legalábbis megérdemeljük, hogy megismerjük az igazságát.

A mélyen gyökerező hazugságok leleplezése rendkívül erőteljes lehet. Amikor elkezdtem megtudni, hogy életveszélyes betegségeket gyógyíthatok gyógyszerek, kórházi kezelések, altatás vagy bárki más segítsége nélkül, rajtam és a döntésemen kívül, úgy döntöttem, hogy coachként, terapeutaként és a pszichológia doktoraként az ügyfeleimnek tudniuk kell erről.

Ideges voltam, hogy ezt az utat választom, de ez nem számított nekem, mert volt egy betegségem. A kanapén feküdtem, és nem tudtam lejönni róla. Fájdalmaim voltak.

Elvesztettem a vállalkozásomat, a praxisomat, a nyugdíjam, a megtakarításaimat, a házamat - mindent elvesztettem egy tekintetben.

Volt már valamelyikőtök a pénzzel kapcsolatban olyan helyzetben, amikor nem volt semmije? Nem kívánom ezt senkinek, de ez az igaz történet.

Volt egy időszak az életemben, amikor csak nullák néztek rám. Nem volt senki, akihez fordulhattam volna, nem volt senki, akit megkérdezhettem volna, nem maradt semmim, és el kellett döntenem, hogy bármi áron, de meg fogom változtatni azt, ami nem engedte, hogy pénzem legyen, ami nem engedte, hogy pénzem legyen.

És rájöttem, hogy ennek semmi köze nem volt semmihez, ami rajtam kívül állt volna.

Mindennek köze volt ahhoz, hogy mi volt bennem és milyen hitrendszerek voltak.

Mik ezek a hazugságok a pénzzel kapcsolatban, amelyek azt mondják: "Valami baj lehet velem, hogy nem kapom meg azt, amit mindenki más kap erről?".

Nos, az igazság az, hogy nincs veled semmi baj. Ez csak egy választás.

Mi volt az, amiért nem lehetett pénzem? Úgy értem, rengeteg pénzt kerestem. Rengeteg diplomám, végzettségem és képzésem van. Mindig tudtam dolgozni. 8 éves koromtól kezdve újságkihordással kezdtem, 14 évesen pedig a Dunkin' Donutsban dolgoztam fánkokat készítve.

Mindig volt pénzem és dolgoztam, de soha nem volt könnyű dolgom a pénzzel.

Mindig minden egyes fillért megkerestem, amit valaha is kitettem. Ha nem tudtam dolgozni, nem kerestem pénzt. Ezt nagyon korán megtanultam apámtól, hálásan, bár később ez is okozott némi problémát.

Amikor meghalt, a tengerentúlon voltam, Ausztráliában. Nem is tudtam, hogy beteg, és hogy engem hagyott végrendeleti végrehajtónak. Nem volt tartaléktervem, és ez az életveszélyes betegség után történt.

Az első nullás pillanatom, amikor egy benzinkútnál álltam, és nem tudtam, hogyan fogok tankolni, mint szakképzett, tanult ember, elég nehéz volt lenyelni. Szó szerint kigúvadtam a szemem, és próbáltam kitalálni, hogy mi a fenét fogok csinálni. Ilyen még sosem történt velem.

Amiről beszélek, lehet, hogy némelyikőtök számára kissé extrémnek tűnik, mert nincs ilyen tapasztalatotok.

Értem. De mindig azt mondom a gyakorló szakembereknek, akikkel együtt dolgozom, hogy csak addig tudsz tanítani és elősegíteni valamit, ameddig te magad is eljutottál.

A pénz olyasmi, amivel küzdöttem - és olyasmi is, amiben nagyon sikeres voltam. És ez olyasvalami, amivel még mindig fejlődöm, mert még nincs minden pénzügyi problémám rendezve, és mégis a fejlődés, nem a tökéletesség híve vagyok.

Nem vagyok száz százalékban úgy beállítva, ahogyan szeretném, de ezt elmondhatom: Nem számít, mibe kerül, nem számít, mit kell elveszítenem, nem számít, mit kell bezárnom, nem számít, mit kell kikapcsolnom, nem számít, hová kell költöznöm, nem számít, mit kell tennem, nem számít, a világ melyik része hív engem.

Azt fogom választani, ami világos és helyes, és ami anyagilag, érzelmileg, szellemileg és fizikailag a legjobban működik számomra.

Így jön hozzám a pénz, igazsággal és fénnyel.

A pénz jön a szórakozás bulijára. A pénz arra jön, ami könnyű és jó neked. A pénz akkor jön, ha hűen élsz önmagadhoz. A pénz akkor jön, ha hiteles vagy. A pénz akkor jön, ha boldog vagy.

Soha nem szerettem hallgatni azokat az embereket, akik azt mondják, hogy mindenük megvan. Nem igazán bízom abban, ha minden összeállt, és mindent tudnak, vagy ha már ott voltak és csinálták ezt. Nem bízom benne. Én egy hiteles, őszinte történetben bízom.

Mindannyiunknak vannak dolgai. Mindannyiunknak van csomagja.

Az életednek mindezek a területei vannak - fizikai, mentális, érzelmi, spirituális, pszichológiai, pszicho-szomatikus, pszichoenergetikai, pszichikai, pszichikai, kapcsolati. Mindig van négy vagy öt olyan terület, ami igazán jól működik számodra, és van egy vagy kettő vagy három, ami nem.

Számomra, és sok ügyfél számára, akikkel dolgoztam, a pénz, a test, az egészség és a kapcsolatok voltak a legnehezebbek.

Ismerem a csontvázaimat és tudom, hogy mi van a szekrényemben - a visszaélések, amiket elszenvedtem - és minden nap arról beszélek heti 205.000 hallgatónak az Amerika Hangja műsoromban, hogy lépjünk túl a visszaélésen, a pénzügyi visszaélésen, a szexuális visszaélésen, a korlátozásokon és a megszorításokon, hogy elérjük azt, amit én radikális elevenségnek nevezek, ami azt jelenti, hogy választunk, elkötelezzük magunkat, együttműködünk az univerzummal, amely összeesküszik, hogy megáldjon bennünket, és aztán teremtünk.

Ma már semmi sem rejtőzik sehol semmilyen szőnyeg alatt. Nem félek semmitől. Bármivel szembe tudok nézni. Mindent elvesztettem. Mindent elnyertem. Megmozdultam. Elengedtem a praxisomat. Elengedtem egy üzletet. Újra létrehoztam. Lezártam. Újra létrehoztam.

Írtam könyveket. Kiadtam könyveket. Én nem adtam ki könyveket.

Én csak azt választom, ami világos és helyes számomra, függetlenül attól, hogy milyen trauma, milyen tragédia, és milyen történetem van.

Hajlandó lennél-e feladni egy kicsit a tragédiádból, traumádból és történetedből, ami valójában azt aktualizálja, hogy nincs meg minden, amire vágysz a pénzzel kapcsolatban, és miközben a testeddel, a kapcsolataiddal és az üzleteddel kapcsolatban sincs meg minden, amire vágysz? Talán csak egy fokos változást?

Még mindig ott van a világ többi része, akikkel beszélgethetünk, és ha azt akarjuk, hogy legyen egy rendelőnk, és az emberek hozzánk jöjjenek, akkor nem idegeníthetjük el őket egy olyan nyelvvel, amit nem értenek, nem igaz?

Egy fokos váltás az én utam, így mindenkit lefedek - mindenki választhat.

Nem számít, hogy mit csináltok, nem ismerlek titeket mindannyiótokat. Úgy hiszem, hogy ti valamiféle gyógyítók vagytok - gyakorló gyógyítók, képzett keresők.

Igazán mélyen érzem, hogy mindannyiótoknak megvan a saját ROAR-ja - a saját cunami, vulkán, földrengés fizikai megvalósulása - ami bennetek él, és hogy a hitelességetek megvalósításával megváltoztatjátok a világot.

Mi köze van mindennek a pénzhez? Ehhez van köze: Az igazság, könnyű vagy nehéz.

A Light olyan pezsgős és tágas, mint a kiváló pezsgő. Tudod, hogy a buborékok a csúcson vannak.

A sűrűség, a nehézkesség olyan, mintha egy gömbben kúsznánk össze. Talán a zsigereidben érzed. Összeszorul. Ez egy korlátozás. Lehet, hogy egy kicsit elfáradsz, vagy nagyot ásítasz.

Itt van tehát a kérdésem, és aztán döntsd el, hogy mit érzel, Igazságot, Könnyűt vagy Nehézséget.

Megéled a pénzügyi valóságodat? Az igazságot? Könnyű vagy nehéz?

Ha igen, akkor megvan minden, amire vágyik? Igazság? Könnyű vagy nehéz? Nincs helyes vagy helytelen.

Most megismétlem azt a három központi kérdést, amelyek e könyv lényegét alkotják. Mindig használhatod, ha pénzről van szó. Írja le őket:

1. *Ki vagy te?*
2. *Mi vagy te?*
3. *Milyen hazugságnak veszed be?*

Tehát "Ki vagy te, mi vagy te, és milyen hazugságnak veszed be magad?".

Nagyon egyszerű...

Lehet, hogy ez nem kapcsolódik a pénzhez, a készpénzhez vagy bármi ilyesmihez, de azt mondhatom, hogy ma este elkezdesz látni valamit - hogy amit a pénzügyi valóságodnak hittél, az nem az, és az energia, amit a pénzügyi valóságodba fektetsz, az nem az. És le fogod leplezni a hazugságot, amit igaznak hittél, de nem az.

Valójában elkezded levenni a szemellenzőt, a köpenyt, a jelmezt, amit eddig viseltél a bankszámládon, az üzletedben, a szexuális kapcsolataidban, a párkapcsolatodban, a szülői tevékenységedben, az állataiddal való kapcsolatodban, az autóddal való kapcsolatodban, a Földdel való kapcsolatodban.

És amikor elkezded leleplezni a köpenyt, akkor kezded leleplezni magadat.

Ekkor kezd el előjönni a dübörgés, a földrengés, a cunami, a vulkán fizikai megvalósulása - egyedülállóan és kizárólagosan ti magatok -.

Ekkor a gondviselés is megmozdul, és a dolgok elkezdenek az utadba kerülni.

Nem a parkoló angyalok adják a parkolóhelyeket, barátaim.

Ez az, hogy te magadból többet akarsz adni magadból.

Egyszer például 90 napos felmondási idő után felmondtam az összes alkalmazottamnak. Minden egyes embert. Ez volt a legnagyobb kockázat, amit valaha is vállaltam, hogy a vállalkozásom szempontjából magamnak választottam - mert olyasvalami voltam, ami az üzletben nem működött. Nem működött az, hogy megpróbáltam rávenni az embereket, hogy nekem dolgozzanak.

Volt egy energia, amiben én voltam - olyan volt, mint a telefonos játék. Azt mondtam: "Csináld meg az A feladatot", és ebből lett valami mandarinul, oroszul és spanyolul, és amikor visszajött, azt mondták: "Tessék, megcsináltam", én meg: "De nem pontosan ezt kértem".

Ez egyfajta szélsőséges példa, de a legjobb, amit el tudok magyarázni.

Aztán ott volt ez a másik energia, ami a hazugság körül forgott, hogy hogyan kell pénzt keresnem, ami azt jelenti, hogy csontig dolgozom magam. Figyeljétek meg, mit mondtam az apámról az elején: dolgozzatok nagyon keményen, és ne legyen semmi könnyebbség.

Ezt 90 nap alatt véghezvinni nem egyfajta zabálás és tisztogatás volt. Ez nagyon pragmatikus időzítés volt. Azt mondtam: "Közeledünk a 30 naphoz; itt van, amit el kell érnünk. Itt a cél. Csináljuk meg, ba da da da da da da." Ez végig világos volt, de meg kell mondanom, hogy szarrá vagyok rémülve.

Abszolút, teljesen sebezhető.

Egy volt mentorom megkérdezte tőlem: "Mennyibe kerül neked, hogy megtartsd őket? Mennyibe kerül neked, hogy megtartsd az alkalmazottaidat?"

"Az egészségem, az ősz hajam. Még több lesz."

Aztán azt mondtam: "Tényleg ezzel a másik marketing céggel akarok menni, amelyik szerintem el tud vinni oda, ahová igazán akarok menni, és amit igazán akarok csinálni a könyvekkel, a tanúsítási programmal és mindezzel, hogy a trauma átmenetileg eltűnjön erről a bolygóról.".

Azért osztom meg ezt veletek, mert én ezt élem meg. Nem vagyok hajlandó a pénz hazugsága szerint élni, és nem vagyok hajlandó többé a pénz rabszolgája lenni. Visszautasítottam, hogy többé a visszaélés rabszolgája legyek, ahogyan azt is, hogy bármi másnak a rabszolgája legyek, mint ami világos és helyes és a ROAR (Radically Orgasmically Alive Reality) részem.

Szóval, szeretnétek mindannyian csatlakozni hozzám? És engedjetek el mindent, ami nem teszi lehetővé, hogy többet éljetek, többet tudjatok, többet legyetek, többet kapjatok, és érzékeljétek, hogy kik vagytok valójában ezen a valóságon túl, és hozzátok be ebbe a valóságba.

Hadd mutassam meg, hogyan működik ez az egész, megosztva egy interakciót az egyik workshopomról. A pénz hazugságairól beszélgettünk, és éreztem, hogy a teremben megváltozik az energia. "Figyeljétek meg... egyre nehezebb és sűrűbb lesz itt, vagy könnyebb és szabadabb?" kérdeztem. A résztvevők egyhangúlag azt válaszolták: "Könnyebb".

Felbátorodva megkérdeztem: "Van valami, amit szeretnél kérdezni?".

Egy résztvevő tétovázott, mielőtt belevetette volna magát. "A mindenit, annyi minden. Kezdjük a munkámmal. Órabért keresek, és szeretnék egy nagylányos, fizetős állást, és végül egy saját céget. Csak nagyon-nagyon bosszant, hogy itt vagyok, amikor tudom, hogy ott lehetnék".

"Szóval, ki vagy te, amikor itt vagy?" Érdeklődtem, kíváncsi voltam, milyen energiát testesít meg.

"Az anyukám - vallotta be csalódottan.

"És mit szeretsz az anyukádként a munkádban? Mit szeretsz abban, hogy minden nap veled hurcolkodsz a munkahelyedre? Hogy a szüneteket az anyukáddal töltöd a munkahelyeden" - szondáztam, azt akartam, hogy feltárja a mögöttes dinamikát.

"Szívás" - válaszolta, és elégedetlensége nyilvánvaló volt.

Aztán kibővítettem a vizsgálatot, bevonva másokat is. "És hányan csinálják ugyanezt az anyukájukkal? Szóval ki vagy te, az anyukád? Mit szeretsz abban, hogy az anyukád vagy?"

"Biztonságos" - ajánlotta fel egy másik résztvevő.

"Oké. Akkor mondd meg, mi az, ami valójában biztonságos abban, hogy anyukádat magaddal viszed, neki eszel, vele együtt gondolkodsz, vele együtt hozod meg a döntéseidet a dolgaidról, amikor odaát akarsz lenni, de te itt maradsz. Az igazság. Mi az a hazugság, ami szerint élsz?"

"Addig nem vagyok elég jó, amíg ez nincs meg" - vallotta be a résztvevő, felfedve egy mélyen gyökerező hiedelmet.

"Nem vagy elég jó ahhoz, hogy megkapd, amit ő akar. Nem vagy elég jó ahhoz, hogy megkapd, amit akarsz. Az igazság. Akar még valaki lemondani a 'Nem vagyok elég jó ahhoz, hogy megkapjam, amit akarok' egy százalékáról?" Kérdeztem, és meghívtam a többieket, hogy gondolkodjanak.

"És mit szeretsz abban, hogy nem vagy elég jó ahhoz, hogy megkapd, amit akarsz?" Folytattam.

"Nem kell kitennem magam a nyilvánosság elé" - vallotta be.

"És ha elbújhatsz, és nem teszed ki magad, akkor mi a legjobb, amíg te és anya az íróasztal mögött maradsz a fizetéseddel, órabérrel? És sosem jutsz el oda, ahova szeretnél?"

"Elbújhatsz - ismerte el.

"Tudom - éreztem együtt. Éreztem az érzelmi súlyt, amit cipelt.

"Én csak kapcsolódom az energiájához, és a szavak ebből fakadnak. Érzem a mellkasában a szorulást, és ő egy kicsit beadja a derekát. De ez az, amit mi csinálunk" - tettem hozzá, felismerve az ismerős mintákat. "Döntést hoz arról, hogy nem kapja meg azt, amit akar, azzal, hogy azt választja, hogy ahhoz kapcsolódik, ami az anyja. Gondolod, hogy ez hatással lesz a pénzmozgására?"

"Igen - válaszolta, elismerve a hatást.

"Energetikusan? Anyukád szerette a pénzt?"

"Nem."

"Anyukádnak tetszett a munkája?"

"Nem."

"Ott maradt a munkahelyén, amikor nem akart ott lenni a munkahelyén?"

"Most azonnal visszavonulhatna, de nem teszi" - osztotta meg a résztvevő.

"Szóval a munkahelyén maradt, amikor nem akart a munkahelyén maradni?"

"Igen."

"Pontosan. A munkahelyeden maradsz, amikor nem akarsz a munkahelyeden maradni?"

"Igen - ismerte el, felismerve a párhuzamot.

"Most kérlek, hacsak nem könnyű és helyes számodra, ne menj el innen, és ne mondj fel, ha nincs valami más, mert szerintem a pragmatizmusnak is megvan a maga módja." Figyelmeztettem, megértve a valós döntések bonyolultságát.

Azt mondtam neki: "A munkád pénzt ad neked, de a vállalkozásod és a ROAR-od az, ahol igazán lenni akarsz - és ez mindent meg fog adni neked, beleértve a pénzt is. A legtöbben a pénz miatt választjuk, hogy maradunk, és elhanyagoljuk a létünket azzal, hogy azt választjuk, amit te választasz."

Ez a csodálatos ember olyan pénzügyi valóságot választott, amely nem az övé volt. Néhányan nem akarják elhagyni az anyjukat. Volt egy film, aminek a címe: Dobd le a mamát a vonatról. Talán meg akarjátok nézni.

Kaliforniában 15 éven át tartottam egy műhelyt, a LEAP-ot, ami a *Life Empowerment Action Program (Életerősítő Akcióprogram)* rövidítése. Egy nap kaptunk egy nagy fehér papírt, és az egyik asszisztensem pénzt rajzolt rá. Mindenkit megkértem, hogy fogjon egy fekete tollat, és azt mondtam: "Írjátok le az összes pénzzel kapcsolatos előrejelzéseteket - az összes gyűlöleteteket, az összes ítéleteteket".

Azt hittem, hogy talán három lesz.

Istenem, már nem is láttam a pénzt.

A legszörnyűbb mondatok voltak benne, amiket valaha is láttam kiírva - pedig én egy nagyon hangosan beszélő, maró környezetben nőttem fel.

Például: *"El kell adnod a lelked az ördögnek, hogy előbbre juss"*.

Na, ez egy biztos módja annak, hogy elmenj a pénztől. De mi ezt választjuk állandóan, burkoltan.

Voltak olyan dolgok, amiket nem tudok itt megismételni, mert olyan szörnyen hangzana. De már tudjátok - a pénzzel kapcsolatos ítélkezések, kivetítések, elválasztások, elvárások, neheztelések, elutasítások és sajnálkozások rendkívüliek voltak.

És abban a pillanatban azt gondoltam magamban, hogy nem csoda, hogy nincs elég pénzük, hogy keményen kell dolgozniuk, és bármennyire is igyekeznek, soha nem szabadulnak meg az adósságtól, hogy mindig adósságban vannak.

Nem volt csoda, hogy tudtak pénzt keresni, de soha nem tudtak pénzt birtokolni, megtakarítani vagy elkölteni, hogy soha nem tudtak nyaralni menni, és hogy három munkahelyük volt, vagy hozzá kellett menniük valaki máshoz, aki pénzt adott nekik, mert nem tudtak egyedül megélni, vagy kölcsön kellett venniük pénzt, és továbbra is kölcsön kellett venniük pénzt a családjuktól vagy hitelkártyáktól vagy intézményektől, és újra és újra és újra csődbe mentek.

Ki kell űznöd a mamát és a papát és az egész kultúrát és a Vatikánt és bármilyen más egyházat, amiben hiszel, hogy meghallhasd magad.

Ez a "Ki vagyok én?" kérdés. Mi vagy te?

Amikor az anyád vagy, a pénz a megtestesült ördög gyökere, "mi" vagy? Egy lefogott, rémült, bénult, beszűkült gyermekkor vagy, akit a hazugságok tartanak fogva, amiket igazzá tettél a létezésedben.

Koncentráljatok tehát arra a térre, ahol könnyűnek vagy nehéznek érzitek, mert amikor a tér találkozik a sűrűséggel, a sűrűség szétoszlik. Amikor a testetek egy kicsit több teret érez, még akkor is, ha sűrűség van ott, összpontosítsatok a térre.

A legtöbben a sűrűségre koncentrálunk, és a sűrűség a hazugság.

A hazugságot nem lehet megváltoztatni. Csak a teret és az igazságot lehet megváltoztatni.

A tér, az igazság, a benned lévő könnyedség, ezért összpontosíts a benned lévő tér molekuláira, és kérd meg őket, hogy addig forogjanak és forogjanak és forogjanak, amíg még több belőled nem lép beléd.

Csak nézd meg, hogyan csinálod az egyik fokozatot. Ez egy fokos elmozdulás, hogy ilyen helyet kapjunk. Ez egy siker.

16

SZÁMLÁZZUNK FEL ÉRTE

A világegyetemmel való együttműködés, amely összeesküvést sző, hogy megáldjon téged, valójában azt jelenti, hogy tudod, hogy a világegyetem fedez téged, de addig nem tudhatod, hogy a világegyetem fedez téged, amíg te nem fedezed magad.

Hányan próbálták már elmondani neked, hogy támogatnak téged, de te csak annyit mondtál: "Szó sem lehet róla. Menj innen!"

Azért, mert nem tudod, mit jelent a saját hátad mögött állni. Egyikünk sem tudja igazán, amíg nem kezdünk el magunkért választani, elköteleződni mellettünk.

Csak úgy tudtam létezni a világban, ha valaki kefélt velem, szó szerint és átvitt értelemben is. Rengeteg munkámba került, hogy ezt visszacsináljam, és hogy elterjesszem, hogy vannak jó emberek a világon, akik nem akarnak engem átverni.

A nehezebb része annak terjesztése volt, hogy vannak olyan emberek a világon, akik nem törődnek velem, és legszívesebben átgázolnának rajtam.

Mindennel tisztában kell lenned.

Nem tudom, miért, de vannak emberek, akik nem kedvelnek engem. Nem tudod, hogy vannak olyanok, akik nem kedvelnek téged? És nincsenek olyan emberek, akiket első találkozáskor nem kedvelsz, és fogalmad sincs, miért?

Ez olyan, mint amit a kis unokaöcsém mondott, amikor anyám megpróbálta felültetni a cirkuszban az elefántra, amikor négyéves volt: "Nekem nem, anyuci. Nem nekem."

Meg kellett tanulnom, hogyan álljak a saját hátam mögött, és ezen változtatnom kellett. Egy korábbi mentorom mindig azt mondta nekem: "Mindazok után, amin keresztülmentél, és a visszaélések után, amiket átéltél - választottál és átéltél -, hogy lehet, hogy ilyen kedves vagy, és valójában törődsz az emberekkel, és ugyanúgy befektetsz az ő változásukba, növekedésükbe és átalakulásukba, mint a sajátodba?".

Azt gondoltam: "Fogalmam sincs. Nem mindenki ilyen?"

Ekkor kezdtem el foglalkozni azzal a ténnyel, hogy van bennem különbség. Nem azt mondom, hogy nincs különbség mindannyiótokban. És ez az, amiről a Léleknyomtatás szól.

A léleklenyomat a saját egyedi ujjlenyomatunk, a lelkünk egyedi jellege és kontúrja, a ROAR-unk. Ha lenne egy feladatunk, célunk, vagy nevezzük bárhogyan is, ez a szándék az, hogy ezt a ROAR-t, a léleklenyomatunkat kibontakoztassuk ennek a valóságnak az ajkán.

Az én ROAR-om az, amit az óráimmal, a gyakorlatommal, az írással, a rádióműsorral és a traumák bolygóról való átmenetével teszek, a visszaélés, a korlátozás és a beszűkülés ketrecén túljutva a radikális elevenség felé. Ez az, amiről én szólok. Minden nap erről beszélek. Minden nap írok róla. Nem tudom, hogy a fenébe lehet, hogy már több mint 100 műsorom volt az Amerika Hangján ebben a témában, mert azt hinném, hogy már unatkoznék, de folyamatosan jönnek létre műsorok.

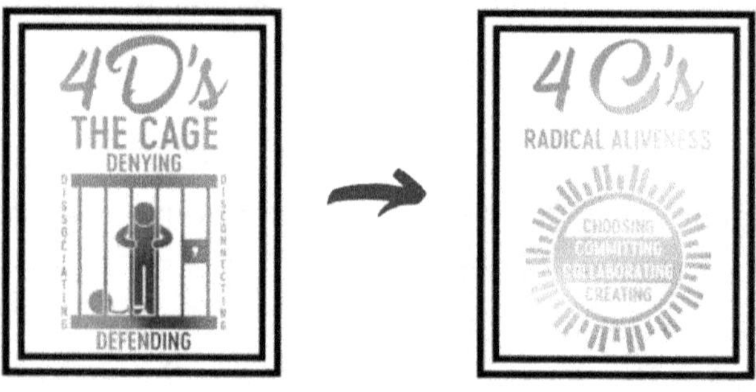

Nagyon sokan hívnak fel a rádióműsorban, hogy segítsenek nekik. Nemrég volt egy hölgy, aki Szaúd-Arábiából hívott, és egy asztal alatt kellett beszélnie Skype-on, mert ha kiderül, hogy erről kérdezősködött, megölik. A műsort egy másik ilyen ember miatt tartom adásban, akinek talán soha nem lesz lehetősége arra, hogy kimondja, ami számára igaz, kivéve azt az egy pillanatnyi helyet Szaúd-Arábiában. Ez az én léleknyomom.

Nem tudom, mit fogtok tenni, de valami meg fog változni. Az emberek és a dolgok, amelyekbe befektetsz és amelyekben részt veszel - a gyermekeid, a családod, a pénzmozgásaid - meg fognak változni, mert másképp fogsz rájuk tekinteni. Amikor látod, hogy a számla lefelé megy, és az az ismerős érzés lesz a testedben, talán azt fogod mondani: "Ki vagyok én most?".

Bármi is legyen az, ami megváltoztatja az energiát, felébreszt, és azt mondja: "Oké, ha most ez vagyok, milyen érzés?".

"Hát ez elég szörnyű érzés, szorongás. Mit választhatok, ami könnyebb és jobb nekem?"

Vedd fel a telefont, és hívj fel valakit, vegyél fel egy ülést, vagy bármi mást. Adjon el egy társasházi lakást vagy házat. Bármit - tessék, máris van pénzed.

"Mi vagyok én, amikor ez az ismerős érzés és a bankszámla lefelé megy?"

"Mi vagyok én most?"

Általában szánalmas. Általában megijedtél, túlterhelt vagy, leálltál, süket vagy.

"Oké, hogyan szolgálja ez azt, amit én létrehozok? Ez az alkotásaim elpusztítása vagy az alkotásaim megteremtése?"

Ha ez nem hozza létre az alkotásaidat, akkor dönts másképp, és tegyél bármit: menj ki a házból, sétálj egyet, mássz fel a földre, ülj fel egy lóra, mássz fel valami másra.

Bármit is kell tenned. Ez a cselekvésről szól, nem a gondolkodásról. A cselekvés az érzékelés és a befogadás teréből történik. Akkor a legjobb kérdés, amit feltehetsz, az, hogy "Oké, ez megy. Milyen hazugságot veszek most be, amiről azt feltételezem, hogy igaz?".

És amikor megkapod a választ, ha az nehéz, ne hidd el. Ez egy hazugság, mert egy hazugságon nem tudsz változtatni. Nem tudod megváltoztatni a nehézséget. Csak úgy tudsz változtatni, ha azt teszed, ami könnyű és helyes számodra.

Minden alkalommal kövesse azt, ami világos az Ön számára. A fény fényt szül.

Én is veled vagyok. Garantálom, hogy van rálátásod és rengeteg zsenialitásod, amit az embereknek adhatsz. És én azt mondom, hogy kérj érte pénzt.

Számítson fel érte.

És garantálom, hogy olyasmit tudsz létrehozni a kezeddel, amit senki más nem tud. És én azt mondom, hogy használd fel a ragyogásodból származó pénzt arra, hogy még több ragyogást hozz létre, hogy még több ragyogásodat eladd, hogy még több ragyogásod jelenjen meg a világban. Minden egyes alkalommal, amikor áramlik, még többet teremt. Mert felemelkedsz, hogy a te ROAR-od legyél, és az, hogy te vagy, ezt teszi.

Ha valaki odajön hozzám, és kinyitja az ajtót egy fokkal, akkor én mindent beleadhatok. A legjobbakat is meg tudom menteni. Középső gyerek vagyok.

Tudom, hogyan kell átvészelni a dolgokat. Sok mindent túléltem. Sok mindennel megbirkózom, úgyhogy mutass nekem valamit, nem probléma. De meg kellett tanulnom visszahúzni az energiámat, kitágítani a teret, használni a két fülemet, és amikor bárki bejön egyéni munkára, azt mondom: "Rendben, amikor elmész innen, mit szeretnél, hogy itt maradjon, csak mára?". Általában azt mondják: "Nem tudom".

"Nos, te fizetsz nekem. Mit akarsz csinálni?"

És ráveszem őket, hogy jöjjenek elő, és mondják el, mit szeretnének tenni, hogy aztán el tudjunk menni abba a térbe, amely felhatalmazza őket arra, hogy tovább válasszanak, ami a te könnyedséged.

A legfontosabb dolog, amit tenned kell, hogy azt csináld, amit szeretsz, azt csináld, ami könnyű neked, kapj érte fizetést, és aztán folytasd az alkotást - mert ez a radikális elevenség.

Ha ezen kívül élünk, akkor halottak vagyunk.

És nem tudom, ti hogy vagytok vele, de halottnak lenni nem jó móka.

Figyeljük meg, milyen keveset beszélünk a pénzről ebben a fejezetben, mert ez az egész dolog. A pénzzel kapcsolatos problémánknak valójában semmi köze a pénzhez. A hazugságokhoz van köze, amelyeket igaznak vettünk.

Amikor azonban kifejezetten a pénzről beszélsz, és a pénz miatt szorult helyzetbe kerülsz, vagy megpróbálsz valamit létrehozni, akkor ki vagy?

"Mi vagyok én, amikor anyámat és apámat választom?"

"Milyen hazugságot veszek be, amit igaznak nevezek, ami miatt folyton magam ellen választok? Most, hogy már tudom, hogy anyám és apám az, és nem én."

Ezek a legegyszerűbb dolgok, amiket elmondhatok, hogy végigsétáljatok magatokon. Ez megnyitja a teret, hogy egy másik lehetőséget válasszon.

A kérdés az, hogy hajlandó lennél-e ezt megtenni magadért, egy fokkal többet?

Ez a pénzes dolog trükkös.

Ebben a valóságban a visszaélések járványszerűen terjednek; ez a valóság normája - a mi magunkkal szembeni rossz közérzet.

A pénz hazugságai valójában arról szólnak, hogy szembesüljünk azzal, hogy "Ki vagyok, mi vagyok, milyen hazugságot veszek be, amit igaznak tartok?". Ez nem a gyengéknek való munka. Ez a munka a benned lévő gonosz ordításnak szól, ami azt mondja: "Elég volt. Nem érdemes tovább mögé bújni".

Ezt mondtam én is, amikor megfordultam, és szembefordultam, és ránéztem az elkövetés évtizedeire, és az összes szarságra, amivel szembe kellett néznem.

Nincs többé.

Nem akartam ennek a rabszolgája lenni.

És ha egyetlen embernek is tudok segíteni azzal, amiről beszélek, akkor beszélni fogok róla. És ki fogok menni, mert sok más hozzám hasonló ember is ki fog menni. Végül is én beszélek róla. Láthatják, hogy nem halnak meg, ha kimondják, ami igaz.

De elbújunk a szikláink, a hitrendszereink, a nézőpontjaink, az anyánk és az apánk, a munkánk, a szegénységünk, a megrekedtségünk, a kudarcaink, az ez és az az.

Mi pedig szánalmasan tartjuk magunkat.

Ha ezt olvasod, nincs benned semmi szánalmas. Ti vagytok azok az emberek, akik követelik, hogy legyen pénzük, mert a pénz a kezükben megváltoztatja ezt a világot.

A kezedben lévő pénz a világot a tengelye felé billenti, csak a törésvonalakat nem. És ha mégis, az sem baj, mert te majd üvölteni fogsz.

Légy önmagad, mindenen túl, és teremts varázslatot!

17

ADD FEL A HAZUGSÁGOKAT

A pénz olyan nehéz téma az emberek számára. Annyi szemetet és szemetet, negativitást és rombolást, blokkokat, nehézséget és félelmet hoz felszínre - alapvetően mindent a nap alatt. De éppen ezért megérdemli, hogy beszéljünk róla, ugyanúgy, mint az egészségről, a szexről vagy a kapcsolatokról. A pénznek mélyreható hatása van az életünkre, és megvannak a magunk egyedi problémái vele.

Nekem az volt az egyedi problémám, hogy mindig tudtam pénzt keresni, de soha nem tudtam megengedni magamnak, hogy legyen, hogy megtartsam. Aztán elkezdtem észrevenni, hogy az ügyfeleimnél, akiknek ugyanezzel a problémával kellett szembenézniük, egyfajta mintázatot találtam: tudtak pénzt teremteni, de soha nem tartották meg, vagy nem volt pénzük.

Elkezdtem nézni és tanúja lenni annak, hogy ezek az emberek, akikkel együtt dolgoztam, igazán nagyszerű emberek, megadják magukat ennek a guru, isteni dolognak, amit pénznek hívnak.

Aztán egy ideje valami teljesen megváltozott számomra, anyagilag és energetikailag, és sok minden, amiről itt beszéltem, egyszerűen eltűnt. Nem is tudom, mi történt.

Ez nem olyan volt, mint a tengerek szétválasztása, Mózes és az egész dolog. Csak úgy tűnt, hogy megváltozott.

Ez nem jelenti azt, hogy ez tökéletes, vagy hogy nem tudok jobbat csinálni, mert én mindig fejlődöm, igaz? Mindig jobb leszek.

Ha allopátiás gyógyszerek nélkül gyógyítod ki magad egy életveszélyes betegségből, akkor valamit nyersz vele. Én is nyertem valamit, és mindent kockára tettem anyagilag, hogy ezt megtehessem. Ez volt életem legjobb pénzügyi döntése, és amit ebből megtanultam, az az, hogy mindig több pénzt fogsz keresni.

És így is tettem.

Azzal, hogy következetesen ahhoz igazodsz, amit könnyűnek és helyesnek érzel, és megteszed a következő lépést, ami kínálkozik, természetes módon követed a pozitív energia által vezetett utat. Ez az összehangolódás nemcsak a tetteidet alakítja, hanem azt is tükrözi, ami benned van. Ennek eredményeképpen a pénz hajlamos követni, mert a belső igazodásod és a pozitív energia olyan környezetet teremt, amely elősegíti a pénzügyi bőség vonzását.

Ahogy azonban a pénzügyi valóság energiája eltolódott, láttam, hogy nagyon sok ember, akivel együtt dolgoztam, és kollégáim nem váltak ki belőle.

Ha nem érted, amit mondok, semmi baj. Értékelem, ha az emberek nem értik, mert ha értik, akkor talán csak valaki más nézőpontját utánozzák.

És nem akarom, hogy valaki más nézőpontja alatt álljatok, mert annyi évtizede mindannyian valaki más nézőpontja alatt testesítettük meg és öleltük magunkat - és aztán ezt neveztük a valóságunknak.

Ebben a fejezetben ismét kevesebb szó esik majd a pénzről és a tényleges készpénzről, ehelyett mindarra összpontosít, amire ténylegesen szükséged van ahhoz, hogy megteremtsd a "pénzáramlást" - vagy annak hiányát - a bankszámládon, portfóliódon, befektetéseidben, csekkfüzetedben és a pénztárcádban most azonnal.

Minden, amiről beszélni fogunk, az az, ami az Ön pénzügyi valóságaként megvalósul.

Tudod, apám mindig mesélt nekem a kapcsolatokról. Azt mondta: "Azt mondják, az ellentétek vonzzák egymást. Ez az, amit én is kaptam. És látod, hogy működött ez nálunk?" A házasságáról beszélt. És mostanra már mindannyian tudjátok, hogy az is egy másik probléma volt, és rengeteg terápiára jártam emiatt.

Ezért szereztem pszichológusi diplomát, hogy megakadályozhassam, hogy mások ezt tegyék. Az ember megtanulja, hogy mit kell tennie az életben egy bizonyos módon.

Valami olyasmit mondott nekem, hogy "Tényleg keress valakit, akivel együtt tudsz működni, akivel együtt tudsz dolgozni, aki felé törekedni tudsz, és akivel együtt tudsz létrehozni valamit. De ne tedd rá az összes tojásodat valakire, és ne tedd bele valakibe, hogy az életed megteremtse."

Azokat a dolgokat, amelyeket azokban a pillanatokban mondott nekem, a legjobb üzleti és pénzügyi oktatásnak tekintettem, amit csak kaphattam.

Emlékszem a korai New York-i napjaimra, amikor néztem, ahogy mindenki a vasútállomásra sétál, mert New Yorkban vártak, hogy a városba menjek dolgozni. Elvárták, hogy naponta felszálljak a vonatra és dolgozzak valahol az üzleti életben. Elvárták, hogy naponta öltönyt viseljek, tornacipőt vagy edzőcipőt vegyek fel, a magassarkúmat pedig tegyem az aktatáskámba, és gyalog menjek a metróhoz, hogy eljussak a városba.

Ezt kellett volna tennem.

Emlékszem, hogy a hálószobám ablakából néztem a holdat, és azt mondtam: "Istenem, bármit is teszel, ne hagyd, hogy lélektelen életet éljek."

Igen, egy kis ítélet.

Amit láttam - mindenki, aki a vasútállomásra ment, férfiak és nők -, senki sem volt boldog. Senkinek sem volt mosoly az arcán. Mindenki elhagyatottnak tűnt.

Eközben apám a pincében töltött pillanatokban megtanított arra, hogy valóban boldog legyek, és azt csináljam, amit szeretek. Így hát, amint tudtam, elhagytam New Yorkot, és nyugatra mentem. Amikor Kaliforniába értem, mindenki azt mondta: "Igen, péntek van és hétfő. Kerékpározzunk. És kedd és szerda vagy csütörtök van... biciklizzünk. Menjünk túrázni."

Azt gondoltam: "Az emberek nem gyalog mennek a vonathoz, nem mennek a városba, és nem dolgoznak egész nap?". Nem, ők farmerben és rövidnadrágban dolgoztak, rengeteg pénzt kerestek, és mosolyogtak, ezek az én embereim, gondoltam.

Ezek a pillanatok apámmal nagyon fontosak voltak, és innen kaptam a pénz szeretetét. Az apámmal a pénzzel kapcsolatos pillanatok szeretete mindent megváltoztatott számomra.

Volt egy kis küzdelem néhány év alatt, de most, ahogy emlékszem ezekre a történetekre és a pénz iránti szeretetem energiájára, ez valójában több pénzt, több üzletet, több szórakozást, több örömöt, több közösséget a földdel, jobb szexet és egy boldogabb kapcsolatot teremtett bennem - egy egészségesebb kapcsolatot önmagamban és a testemben.

Szóval volt valami azokban a korai pillanatokban, abban, hogy tudtam, milyen érzés, milyen szaga, milyen íze van a pénznek, és a vele való szerelmi viszonyom volt az a kapcsoló, ami a pénzcsapot és a pénzcsapot megnyitotta számomra. Máskülönben soha nem tudtam volna róla.

18

A TÁGASSÁG SZABADSÁGA

Miért kérem, hogy mondj le a pénzes hazugságaidról?

Mert bármit, amit másról hiszel, ami nem a tiéd, azt magadra nézve igaznak állítod be, és akkor soha nem tudod megváltoztatni vagy túllépni rajta, mert nem a tiéd. Nem tudsz megváltoztatni valamit, ami nem a tiéd.

Van valakinek valami az életében, ami nem változik? Ettől a naptól kezdve remélem, hogy megkérdezitek: "Ez az enyém?"

Még egyszer: Az enyém? Az én hitem? Az én valóságom?

Mert ha nem érted, hogy könnyű, csillogó, pezsgő és tágas, amikor felteszed a kérdést: "Az enyém?", és ehelyett sűrűnek, összeszorultnak és nehéznek érzed a zsigereidben, akkor hazugság, amit megveszel.

Ha könnyűnek, tágasnak, szabadnak, örömtelinek érzed - igaz.

A legjobb tudásom szerint azt szeretném, ha mindannyian egy kicsit nyitottabbak lennétek, mint amikor elkezdtétek olvasni ezt a könyvet. Mert mindannyian a saját nézőpontunkkal, a valóságunkkal, a vágyainkkal, a problémáinkkal, a kérdéseinkkel, amelyekhez szükségünk van a zsebkendőnkre - mindazokkal a dolgokkal, amelyeken úgy éreztük, hogy képtelenek vagyunk túllépni.

És azt tapasztaltam az ügyfeleimnél és magamnál is, hogy ezek nem is a mieink.

Elfogadtuk őket.

Ezek közül egyik sem szól rólad.

Nem csak kávézgatunk, és nem ok nélkül mondom ezeket a dolgokat. Azért osztom meg őket, hogy elérjük azt az egy százalékot, ami számodra az az egy százalék - és ami remélem, hozzájárul ahhoz, hogy kisétálj innen, és kapj egy telefonhívást arról, hogy bárki is tartozik neked, hogy letétbe helyezi a számládat. Vagy, ha új állást keresel, hogy ez valahogyan postán, e-mailben vagy telefonon érkezik.

Vagy hogy holnap talán kinyitod az újságot, vagy megnézed az interneten, és valami, amire vágytál, anélkül, hogy tudtad volna, hogy vágysz, megjelenik a képernyődön... valami ilyesmi.

Visszatérve hozzám és a folyamatomhoz, végre eljutottam Texasba. Az egyetlen dolog, amit Texasról tudtam, a saját ítéleteim voltak. Nem is tudtam, hogy van egy ítéletem Texasról.

Aztán, amikor Texasba kerültem, azt gondoltam, hogy "Hé, nekem tetszik itt".

Még mindig nem értem, és nem is kell megértenem. Van benne egy tágasság, egy könnyedség, és én szeretem a könnyedséget.

Soha nem úgy jelenik meg, ahogy gondolod, mint a meghívás erre a lehetőségre és az általam teremtett életre.

Mindent eladtam, mindent elengedtem, mindent és mindent, ami nem akart velem jönni, amikor elhagytam Kaliforniát. Nem is adtam el mindent. Egy részét eladtam, a nagy részét pedig elajándékoztam. Nekem már nem is számított.

Egyszerűen tudtam, hogy itt az ideje elmenni, és amikor jött a meghívás, elmentem.

Ami összeesküdött, hogy megáldjon engem az univerzumon keresztül abból a döntésből, hogy kövessem a fényt és a helyeset, az boldoggá tett. És nem a munka vagy a pénz volt az, amiért meghoztam a döntést.

A Föld volt az. Lovak voltak. Az én testem volt. Egy kapcsolat lehetőségét választottam, és eleinte működött is. Még csak el sem képzeltem.

"Hűha, szóval ez történik, ha könnyű és helyes, és követed" - gondolhatod.

Igen, és a gondviselés is mozog. Az univerzum összeesküszik, hogy megáldjon benneteket. A költözés legrosszabb része az volt, hogy egy kicsit depressziós lettem. Mert miután elköltöztem, és minden olyan jól ment, meg kellett néznem minden olyan döntést, amit korábban hoztam, és ami nem volt könnyű és helyes számomra.

És ez is része annak, amit itt a Lies of Money-ban csinálok. Olyan dolgokról beszélek, amiken én is keresztülmentem. Nem csak egy könyvből veszem át, vagy egy előfeltevésből, vagy csak fülbemászó egy pénzes könyv megírása. "Hé, gyere hozzám. Megvannak a válaszaid a pénz hazugságai körül."

A pénz hazugságai című könyv és a workshopok mindazok, amit megtanultam és láttam azáltal, hogy pontosan azt követtem, amit itt elmondok; használtam az ügyfeleimmel, és láttam, ahogy az egész életem kitágul. Figyelem, ahogy a testem, az egészségem, a boldogságom, a pénzáramlásom, az óráim és a készpénzem változik.

Vannak ötleteim, amik fejlődnek, könyvek, amiket írtam és amikben részt vettem, és más dolgok, amiket elintézek, amikről soha nem gondoltam volna, hogy elintézem. Olyan dolgok, amikről azt hittem, hogy 20-30 év múlva lesznek, már most megtörténnek - csak azért, mert igent mondtam erre az egy lehetőségre.

Hány olyan lehetőségre mondtál már "Nem"-et, amire valójában "Igen"-ed lett volna, ami megváltoztatott volna mindent, amit most rossznak nevezel az életedben?

Szóval itt van a pénz legnagyobb hazugsága - és most tényleg csalódást fogok okozni, és sajnálom.

A pénz legnagyobb hazugsága a pénzzel kapcsolatos hiedelemrendszereddel és feltételezéseiddel foglalkozik, és azzal, amit a pénzről mondtak neked.

A történetem nagy része, ahogyan arról itt beszámoltam, rólam és az én "folyamatomról" szólt azzal kapcsolatban, amit ez a valóság, vagy anya, vagy apa, vagy bárki más mondott nekem a pénzről.

De ez soha nem a pénzről szól.

Ez a kis darab papír valójában semmit sem jelent. Ez a dolog itt - amit mondasz - a tönkretevő, a romboló és a probléma az életedben.

Vagy azt mondjuk, hogy ez boldoggá tesz minket. Vagy azt mondjuk, hogy ez minden rossz gyökere.

Azt mondjuk, hogy keményen meg kell dolgoznunk érte.

Azt mondjuk, hogy csak akkor vagyunk értékesek, ha megvan, hogy csak attól érünk valamit valaki számára, hogy mit vezetünk, mit viselünk, mivel díszítjük magunkat, és milyen nyaralásokra mehetünk. Nem azt mondom, hogy ezek a dolgok nem szépek, mert én is szeretem őket. De vajon hányan váltatok függővé a pénztől, mint az örömötök, a boldogságotok vagy az értéketek okától vagy mindenekfelettitől?

Tehát hajlandó lennél-e feladni egyetlen százalékkal több hazugságodat, hogy a pénz jelent valamit rólad, hogy a pénz az istened vagy a gurud, vagy hogy a pénznek bármi köze van az önértékelésedhez?

Hajlandó lennél egy százalékkal többet adni?

És mindenhol azt a répás dolgot csináltad, és azt mondtad: "Ha csak ennyi pénzem lenne, akkor jóbb lenne. Ha csak ezt csinálom, akkor boldog leszek. Ha csak ötvenezer dollárt kapok, akkor boldog leszek. Ha kifizetem a jövő havi lakbért, akkor boldog leszek".

"Ha ez az összeg van a bankszámlámon, akkor adok borravalót az illetőnek."

"Nem adok húsz százalékot, mert ráléptek a lábujjamra", de valójában azért, mert nincs meg az a plusz húsz százalék a gondolkodásmódodban.

Elmondom az egyik kis trükkömet.

Minden alkalommal, amikor úgy érzem, hogy a pénz körül szorult vagy ketrecbe zártak, többet adok.

Néha nagyon nehéz többet adni, és néha még csak nem is pénzzel adok. Néha étellel vagy ruhával. Rengeteg dolgon megyek keresztül - amikor régen sok dolgom volt -, és megkértem a tárgyat, hogy mondja meg, kinek szeretné, hogy menjen? És elajándékozni vagy elajándékozni?

A barátaim szerettek engem. "Nem akarom ezt a széket. Nem akarom ezt a kanapét. Tessék. Tessék."

Inkább ülök valami nélkül, mint olyasmivel, ami már nem működik számomra. Eltartott egy darabig, amíg eljutottam odáig, de meghoztam egy döntést. Megköveteltem, hogy minden, ami körülöttem van - amire ráülök, amit megérintek, vagy amit a testemre teszek -, egy bizonyos módon érezze magát. Jól kell éreznem magam tőle, vagy szépnek kell éreznem magam tőle. Puha legyen, ne legyen feszes.

Igen, minden nap megkérdezem a testemet, hogy mit szeretne viselni. Milyen színű, milyen energiájú?

Ezek azok a dolgok, amelyek hazugságok, amelyek kihoznak minket az emlékezésből - a kényelem, a könnyedség, a boldogság.

Szóval, itt vagyok, hogy emlékeztesselek benneteket. Könnyedséget teremthetsz, nem kell elfogadnod a betegséget.

19

MIÉRT A PÉNZRŐL SZÓL?

Akkor miért a pénzről beszélünk?

Ez a valóság szeret ujjal mutogatni. Amíg a másik emberről van szó a kapcsolatban, vagy az orvosról, aki nem diagnosztizált, amikor kiderült, hogy van valamid, vagy ami nincs a bankszámládon, addig úgy érzed, hogy megúsztad.

De nem változtatja meg a pénzzel való bánásmódodat.

Hajlandó lennél-e változtatni a pénzzel való bánásmódodon, csak egy fokkal többet? Kezdjük tehát ezzel, egy másik hazugsággal, a 2-vel.

A második hazugság az, hogy a nettó értéked egyenlő az önértékeléseddel.

Mondd csak, miért kell pénz ahhoz, hogy méltó legyél?

Hogy lehet, hogy csak azért, mert te vagy, nem vagy anyagilag rendben?

Erre mindjárt visszatérek, de előtte szeretnék megosztani egy történetet. Amikor először találkoztam Gary Douglas-szal, az Access Consciousness alapítójával, egy hétnapos workshopon segített nekem Új-Zélandon, és azt mondta: "Édesem, te egy ribanc vagy".

Elkezdtem sírni, mert azt hittem, hogy rossz dolog kurvának lenni, és nem tudtam, hogy ezt ilyen szinten elhittem, vagy hogy azt hittem, hogy azért bántalmaznak, mert kurva vagyok. Azt hittem, hogy valami rosszat tettem.

És így szólt hozzám: "Édesem, szeretnéd tudni, hogy mit értek ez alatt?".

Azt mondtam: "Természetesen."

Azt kérdezi: "Van ítéleted valakiről vagy valamiről?"

"Nem, nem igazán."

És azt kérdezte: "Még az összes visszaélés ellenére is, amin keresztülmentél, gyűlölted az embereket?".

"Nem."

Azt mondta: "Tudod, hogy ez ritka, és ez más?" "Tudom."

És azt mondta: "Bárkitől kaphatsz. És bármit megkaphatsz, és ez te vagy. Szóval, szeretnéd megtestesíteni azt a ribancot, aki valójában vagy?"

És én azt mondtam: "A pokolba is, igen!"

De ez elvitte azt a váltást az ítéletemben arról, hogy mit jelent ribancnak lenni, mert addig ez a múltbéli bántalmazásomhoz kapcsolódott.

Mint olyasvalaki, aki sok visszaélést élt át, sok időbe telt, amíg megengedtem a testemnek, hogy tetőtől talpig élvezze a teljes orgazmust. És még mindig van néhány dolog körülötte, de kilencvenkilenc egész kilencven kilenc százalékkal jobb.

Aztán megkérdeztem: "De mi az a kurva?"

És azt mondta: "Hé, bébi, a kurva kapja a pénzt."

És ez az igazság, mert ha ő nem kapja meg, akkor van valaki, aki megszerzi.

Ez az, ami lenni akarok, minden jó dolog befogadója.

Nem azt mondom, hogy fel kell pimpelnem magam, vagy hogy nem kell hitelesnek lennem. Nem azt mondom, hogy cseszegessem az embereket, vagy öljem meg őket. És nem is ezt mondta; valami olyan felháborítót állított nekem, hogy rávegyen, hogy gondolkozzak ki a saját ketrecemből, amit nem kapnék meg. Hihetetlenül felszabadító volt abban a pillanatban.

Azt mondom, hogy minden, amit gondolunk, tönkreteheti a teremtés és a megvalósítás képességét, ha rögzült ítéletet hozunk.

Amikor ítélkezel valaki felett, észreveszed, hogy a szíved vagy a tested összeszűkül, vagy sűrűnek érzed magad, vagy hátrálni akarsz.

Mennyit kaphatsz tőlük? Ugyanez a helyzet a pénzzel.

Minél több ítéletet tudsz elfogadni, és minél több ítéletet tudsz elengedni, annál több pénz áramlik, annál több pénz érkezik az életedbe, és annál több pénzt kapsz, amire valójában vágysz.

Itt előreugrottam a 3. hazugsághoz - ami a befogadásról és az ítéletekről szól az életedben.

Nem azt mondom, hogy álljunk ki a terem elé, és mondjuk azt: "Mindenki, meg tudtok ítélni? Dobáljatok rám dárdákat."

Tehát, minden olyan kapcsolat, amiben már nem vagy benne, ami szexuálisan nyomot hagyott benned - a szexuális kapcsolatok, amikben már nem vagy benne, beleértve a házasságokat, amik nyomot hagytak benned, a pénzzel kapcsolatos nézeteikről, a rólad alkotott nézeteikről, a készpénzzel kapcsolatos nézeteikről, a rólad alkotott ítéleteikről, amik még mindig ott úszkálnak a sejt tudatosságodban, szeretnéd, ha energetikailag elválnál ettől?

Szeretné ezt szétoszlatni és a földre engedni? Szeretnétek visszaadni nekik bármit, ami az övék, tudatosan hozzácsatolva? Szeretnéd az egész szexuális rendszeredet megszabadítani az ő valóságuktól? És hagyni, hogy a szexualitásod kivirágozzon, virágozzon? Új lehetőségekkel?

Tegyen lépéseket most. Törd össze a hazugságaidat azáltal, hogy olyan kérdéseket teszel fel magadnak, amelyek lerombolják őket.

20

MIT UTASÍTASZ VISSZA?

Mit tagadsz meg, amikor a pénztárcádba teszed a pénzt, és megkérdezed, mit szeretne mondani, és az azt mondja: "Nem szeretsz engem".

Mit utasítasz vissza, ami azonnal megváltoztatná ezt az energiát?

Mi az, amit mindannyian megtagadtok a pénzzel, ha egyszerűen csak lennétek - ha szeretnétek, ha dörzsöl- nétek, ha tisztelnétek, ha tisztelnétek, ha csókolnátok - nem érdekel, mit csináltok vele - de ha szeretitek, ha megteremtitek a lehetőség öröméből, hogy kik vagytok és mit szeretnétek a valóságotokként, akkor el fog jönni.

Az univerzum összeesküszik, hogy megáldjon téged, de neked kell választanod és elköteleZned magad mellet- ted. Ez a te esélyed, és szabad akaratod van.

Kötelezd el magad - nem csak azért, mert én mondom neked.

Ellenkező esetben nem használod a pénzed, mint lehetőséget. És azért nem használod a pénzedet lehetőségként, mert nem vagy hajlandó a lehetőség lenni.

Mi lenne, ha te lennél a járás lehetősége, és ez lenne a pénzügyi valóságod?

A Lies of Money workshopjaim egyik résztvevője ezen a ponton osztotta meg velem: "A családomban a pénzt mindig büntetésként használták.

A szüleim elváltak, és apám azzal büntette anyámat, hogy minden pénzt elvett tőle, mert szerette őt. Ő vele akart maradni, ő pedig nem, így végül úgy alakult, hogy Párizsban élt, de egy aprócska lakásban, mivel szegény volt. Ez azután történt, hogy egy nagykövet lánya voltam, aki egy hatalmas házban élt Párizs legjobb helyén."

Ezért feltettem neki egy kérdést: "Mit döntöttél akkor és ott a pénzről, abból, amit anyáddal és apáddal láttál? Az igazságot?

Első gondolat, legjobb gondolat, nincs gondolat."

Azt válaszolta: "Az a pénz aljas volt".

"Pontosan. Megoszthatok veled valamit?

Ahogyan az előbb a pénzeddel beszéltél: "De én mindent megcsinálok" - ez aljas." Kiemeltem a pénzhez való hozzáállását. És ő egyetértett.

Folytattam: "És ezért nem változik meg az, amit a pénzzel akarsz megváltoztatni, és ennek semmi köze a pénzhez.

Ez azzal függ össze, hogy gonosz vagy, és úgy döntöttél, hogy gonosz leszel, ahogyan az anyád és az apád is az volt egymással.

Mennyi őrültséget vagy hajlandó ma este feladni azzal kapcsolatban, amit a szüleid tanítottak neked a pénzről?

Mennyi őrültség? Mert hallani lehet, amikor elkezded mesélni a történetet, hogy "A francba Párizs, a pénz, a válás. Vigyetek ki innen, mentsetek meg, mentsetek meg."

De a valóság az, hogy mindannyiunkban van némi őrület a pénz körül.

Ezért a 2. számú hazugság az, hogy a nettó értékünknek köze van az önértékelésünkhöz. Ezért csináljuk, hogy minden a pénzről szóljon, és ezért járunk el ezekre a pénzzel kapcsolatos workshopokra, ahol azt hisszük, hogy valaki majd megadja a választ a pénzáramlásunkra.

Nos, a válasz nem egy konfiguráció vagy egy számítás, a válasz az, hogy te vagy te."

"Te gonosz vagy?" Kérdeztem, igyekezve megérteni ennek az embernek a belső természetét.

"Belsőleg azonban, úgy érted? Amikor gyerekkorodban azt nézted, amit a szüleid csináltak, tetszett?" Tovább szondáztam, a gyermekkori hatásokról való elmélkedésre invitálva.

"Nem, azt akartam mondani, hogy olyan gonosz voltam, de igen - jött a beismerés.

"Várj egy pillanatot... ez jó..." - tartottam szünetet, felismerve a sarkalatos pillanatot. "Mondd azt, hogy 'gonosz vagyok'."

"Gonosz vagyok" - válaszolta a résztvevő.

"Mondd azt, hogy "kurvára gonosz vagyok"."

"Tényleg kibaszottul gonosz vagyok" - ismételte meg a résztvevő.

"Határozottan tudom, hogy nem szeretnék a másik oldaladon lenni, azon a gonosz oldalon, mert akár ketté is vághatnál, nem igaz?" Megjegyeztem, tudomásul véve az éles élek lehetőségét.

"Ó, igen" - erősítette meg a résztvevő.

"A pénz a szórakozás bulijára jön. Az aljasságra nem jön, és szétvágva, mindenki menekülni fog. Eleged van abból, hogy az emberek elmenekülnek előled?" Érdeklődtem, a beszélgetést az átalakulás felé terelve.

A résztvevő ezután felfedte a történet családi vonatkozású fordulatát. "Mivel apám nem adott elég pénzt anyámnak, bosszúból anyám a világ legdrágább iskoláiba íratott, hogy neki kelljen fizetnie az iskolákat és költenie a pénzt".

"Tehát a másik hazugság, amiről ma este beszélni akartam, az, hogy a pénz az ellenséged - a pénz az elkövetőd, nem a szövetségesed, és ő itt erről beszél" - magyaráztam, összekötve a pontokat.

"Szeretnél egy fokkal többet adni?" Kérdeztem, lehetőséget kínálva a szemléletváltásra.

"Igen" - erősítette meg a résztvevő, jelezve, hogy hajlandó feltárni a múltbeli kondicionálás rétegeit.

És így tudtuk felfedni a hazugságokat ennek az egyénnek, és a pénzzel kapcsolatos zavarodottság és frusztráció helyéről az átalakulásra való hajlandóságig vittük őket, mindössze egy fokos váltással kezdve.

Megértettem, hogy honnan jött, mert én is ezen mentem keresztül. Anyám is használt pénzt rajtunk, a mi akaratunk nélkül, csak azért, hogy kifejezze a haragját apámon. Nem akartam azokat a káposztás babákat! Kicsit tomboy voltam, és nem akartam káposztás babákat, de ez a 80-as években volt, és akkoriban nagy divat volt, és olyan jó példa arra, hogy anyám az apámra való haragjára reagálva költekezett.

Anyám mesélt erről apámnak, és azt mondta: "Több pénzre van szükségem ehhez. Lisa, mesélj apádnak a da, da, da, da, da, da-ról."

Én meg azt mondtam: "Én még csak nem is, mint például? Igen, kaptam Cabbage Patch babákat, köszi apa."

Elmentem és elmentem valahová. "Istenem, ezek az emberek megőrültek. Mi ez a valóság?" Őrület, ahogy az emberek a pénzt használják.

Tudott ő jobbat? Nem, ez volt a dinamikájuk, a neheztelés, az elutasítás, a pénz körüli sajnálkozás.

Szeretné kihúzni magát az anyja valóságából, az apja valóságából, vagy a rendőré, vagy az adóhivatalé, vagy az exéé?

És hajlandó lennél lemondani arról az aljasságról, amelyet a tanúságtétel alapján választottál jelmezednek, személyiségednek.

Csak egy fokkal több, mert van benned egy szépség és lágyság, ami az igazi éned. Ezt látom, de ez az aljasság páncélzata alatt van. És semmi sem fájdalmasabb, mint úgy élni, mintha nem te lennél, ezzel a páncéllal.

Tudom, mert én is ezt éltem át.

Ha egyszer eltűnik, ha egyszer kibontakozol belőle, és belépsz önmagadba, a gondviselés is megmozdul.

21

A PÉNZ SZABADSÁGOT AD

A pénz nagyobb szabadságot és irányítást ad, igaz?

Ez a valóság lüktet rajta, igaz?

Harcolhatsz ellene, amennyit csak akarsz, és létrehozhatsz mindenféle dolgot, amit csak akarsz, de tudod mit?

Ha továbbra is ezt teszitek, veszíteni fogtok, mert ez a valóság másként vibrál.

Mi lenne, ha minden energiádat arra fordítanád, hogy valóban befogadd, ahelyett, hogy eltaszítanád magadtól? Ki lennél akkor?

Tehát ez egy választás.

Higgye el, kialakulnak bizonyos korlátok, ha minden héten egy halom pénz van a pulton, és figyeli, mi történik. Kifejlesztesz egy bebörtönzést, és aztán minden nap létrehozol egy bebörtönzést.

Ugyanaz az őrület újra és újra és újra, amíg el nem felejted, hogy van más választásod, és hogy amit létrehozol, az nem az, aki vagy, amíg fel nem ébredsz abban a pillanatban, és azt nem mondod: "Nem vagyok hajlandó ezt tovább csinálni". Én vagyok én."

Volt ez a résztvevő egy műhelyben, aki különös kapcsolatot mutatott a pénzzel, és megmutatta, hogy képes gyorsan pénzt szerezni, de a visszafizetés kevésbé élvezetes aspektusával is megküzdött. A mögöttes dinamikára kíváncsi voltam, és megkérdeztem: "Mit szeretsz abban, hogy utálod visszafizetni az embereknek?".

"Olyan, mintha ha egyszer visszafizetném nekik, akkor elmehetnének" - vallotta be a résztvevő. Felismertem egy minta kialakulását, és tovább szondáztam: "Van ennek valami köze a pénzhez?".

"Nem" - jött a válasz, megerősítve a pénzügyi szempontoktól való elhatárolódást.

"Az 1-es számú hazugság a gyakorlatban" - mutattam rá, hangsúlyozva a vélt probléma és annak tényleges gyökerei közötti szakadékot. A résztvevőt arra bátorítva, hogy hangoztassa a mintát, arra kértem: "Mondd el még egyszer: "Tehát amikor visszafizetem nekik...""".

"Ha visszafizetem nekik, akkor elmehetnek" - ismételte meg a résztvevő.

"És ha elmennek, akkor mi történik?" Folytattam, kibontva a rétegeket.

"Akkor elveszítem őket" - ismerte el a résztvevő.

"És ha elveszíted őket, az mit jelent rólad?" Kérdeztem, hogy a résztvevőt a mélyebb következményeken való elmélkedésre ösztönözzem.

"Hogy senki sem kedvel engem" - hangzott a leleplező válasz.

"És ha senki sem kedvel téged, mit jelent ez rólad?" Tovább nyomoztam, belemerülve az alapvető hiedelmekbe.

"Üres vagyok" - vallotta be a résztvevő, eljutva egy bizonytalan pontra.

"Jó, mert most olyan helyre jutunk, amit te nem ismersz." Megfigyeltem, felismerve a feltáratlan érzelmek felbukkanását.

"Mit szeretsz abban, hogy nincsenek körülötted emberek, és egyedül lehetsz és semmi sem lehetsz?" Érdeklődtem, arra törekedve, hogy fényt derítsek a rejtett motivációkra.

"Akkor azt csinálhatok, amit akarok" - árulta el a résztvevő, rávilágítva egy visszatérő témára.

"Szóval ennek van valami köze a pénzhez?" kérdeztem, és ezzel a megfigyelt minták és a résztvevők pénzügyi tapasztalatai közötti kapcsolatról való elmélkedésre ösztönöztem.

Nem, de a pénzre vetítette ki, így az egész mottója az volt, hogy egyedül legyen, és azt csináljon, amit akar. Minden szart a pénzre kellett kivetítenie, ezt az egész dinamikát, hogy az utolsó pillanatig eljutott az egész nagy katasztrófával és drámával, és hogy pénzt szerezzen, kölcsönkérjen, és hogy az emberek adjanak neki, és aztán vissza kelljen fizetnie nekik. Behúzta a féket, hogy ura maradjon a helyzetnek.

Talán a pénz helyett inkább a ruhákat választja.

Ez olyan, mintha azt mondanánk: "Hadd vegyem azt a dolgot, amire ez a valóság fókuszál és működik, és olyan küzdelmet, drámát és traumát teremtsek vele kapcsolatban, hogy valójában soha nem tudok túljutni rajta, és soha nem tudok vele kapcsolatba kerülni, és soha nem lehetek vele szövetséges, így mindig harcban lehetek azzal a dologgal, amin ez a valóság lüktet. Egészségünkre."

Hányan csinálják ezt is? Valójában több irányítást, több hatalmat szeretnétek az életetekben, de ezt csak a pénzügyeitekre vetítitek ki. Ez is pénzügyi visszaélés. És el kell ismernetek a viselkedéseteket, és dolgoznotok kell az átalakulás felé.

22

MI A HELYES VÁLASZ?

Amikor az apám meghalt, nagy rendetlenséget hagyott rám, amit nekem kellett eltakarítanom - egy rendetlenséget, ami minden rendetlenséget felülmúlt -, és még mindig takarítok. Hála Istennek, már majdnem kész.

Amikor azonban még élt, nagyon világosan mondta: "Azt akarom, hogy mindannyian megkapjátok és használjátok, és szeretném látni, hogy mindannyian használjátok és megkapjátok, és hogyan tudlak támogatni benneteket?".

Ő készítette a tervet. Mi csak nem hallgattunk rá.

De volt egy problémája - nem kaphatott semmit.

Mindenkinek oda kellett adnia. Odaadta anyámnak, odaadta nekem, a bátyámnak és a nővéremnek. Sok unokatestvérem esküvőjét ő fizette. Mások esküvőjét is ő fizette.

Ő csak olyan adakozó volt, túlságosan nagylelkű, de ez azért volt, mert nem tudta elhinni, hogy megérdemli, hogy bármit is kapjon belőle.

De mit jelent a pénz birtoklása ebben a valóságban?

Néhányan azt gondolják, hogy ha van pénzed, akkor biztonságban vagy. Nos, én sok olyan embert ismerek, akinek van pénze, és mégis szörnyű dolgok történnek velük.

Mi van azzal, hogy ha nincs pénzed, akkor nem vagy biztonságban? Nos, sok olyan embert ismerek, akinek nincs sok pénze, és semmi baj nincs az életükkel. Egyszerűen csak boldogok.

Tehát ezek a dolgok, amiket az emberek kivetítenek, mind olyan sugallatok, ítéletek és nézőpontok, amelyek célja, hogy irányítsanak és valaki más nézőpontjába konfiguráljanak benneteket.

Amikor valaki más nézetébe konfigurálod magad, hol a helyed?

Te nem.

Mennyire mondtál le a pénzügyi valóságodról, hogy beleilleszkedj ebbe a pénzügyi valóságba? Azok közé tartozol, akik félre akarnak tenni egy esős napra? Jó dolog az esős napokra félretenni?

Mi a helyes válasz?

Amikor a Lies of Money workshopomat tartottam Floridában, az óriási volt, és mindenki csak azt kérdezte, hogy "szóval mi a helyes válasz?". Nagyon viccesnek találtam, és azon tűnődtem, hogy ez egy floridai dolog. Tudni a helyes választ.

Nos, jó és rossz is lehet így gondolkodni. Mert megmondom neked, valószínűleg én vagyok a legrosszabb ember, akihez fordulhatsz, ha a helyes választ keresed. Az őrületbe kergetlek - nincs helyes válasz. Hanem az, ami igaz, világos és helyes számodra.

Tehát a helyes és világos dologra való kíváncsiság jó, de ez nem egy egyetemes és objektív dolog. A jobb és a fény szubjektív és egyedi mindannyiunk számára.

Ez olyan, mint az iskolarendszer ebben az országban, amely azt mondja: "Ha ezt a választ megkapod, és beilleszted a dobozba, akkor ötöst kapsz. Ha ennyit rontasz, akkor négyest kapsz, ha ennyit rontasz, akkor hármast, ha ennyit rontasz, akkor négyest."

Vagy, ha geometriára jársz, mint én, akkor többször megbuksz, és addig jársz korrepetálásra, amíg át nem mész, igaz?

Ez a valóság. A továbblépéshez meg kell találni a megfelelő választ.

Ez nem más, mintha pénzre lenne szükséged ahhoz, hogy az önértékelésed legyen, hogy valami jobb legyen.

Visszatérve tehát az esős napokra való megtakarításhoz. Ki tanította nekünk ezt az ötletet? Nos, már nem vagyunk három, négy vagy hét évesek, és elfelejtjük, hogy valójában mi választhatjuk ki, hogy mi a könnyű és helyes számunkra.

Azok a Cabbage Patch babák... kérdeztek már róluk?

Nem, GI Joe-t akartam, a fenébe is!

Szerettem Supermant, szerettem focizni, szerettem a városba járni.

Gyermekmodellkedtem a városban, de nem akartam modellkedni. A helikopteres repülés tetszett, de a modellkedés szar volt, mert ott kellett állnod, és azt kellett felvenned, amit csak akartak.

Nem volt más választásom.

Anyám akarta, ők is akarták. Felállsz, és megteszed. Ezért betegszik meg sok ember életveszélyes betegségben, és ezért végződik szörnyű véget sok kapcsolat, és ezért vannak az embereknek pénzáramlási problémáik - mert mindannyian azt választjuk, hogy valami vagy valakinek a nézőpontja alapján alakítjuk az életünket, ami valójában hazugság számunkra.

Én pedig azt mondom: "ROAR®. Nincs tovább." Légy a dübörgés.

Legyetek a cunami, a földrengés.

Légy az áramlás, amely megváltoztatja a fizikai valóságot pusztán a jelenléteddel. Mondj igent, ha igent akarsz mondani, és nemet, ha nemet akarsz mondani.

Ne higgy abban, hogy minden problémád gyökere a pénz. Ne higgy el semmit, amit a pénzről mondtak neked. Csak mondd: "A fenébe is, ha ez az én pénzügyi valóságom, akkor mi lenne, ha...

Én választok? Ha ma élném a pénzügyi valóságomat, ki lennék?"

Mert akkor legalább tudod, hogy a jelenben vagy. Azt mondom, hogy ne spóroljunk?

Nem.

Azt mondom, hogy ne testesítsd meg, ne konfiguráld, ne igazodj, ne egyezz bele, ne állj ellen, és ne reagálj semmire, ami nem a te "Igen"-ed - ez számodra könnyű, helyes és szórakoztató.

Légy önmagad, mindenen túl, és teremts varázslatot.

23

BRILIÁNS A PÉNZZEL

Csak egy kérdést kell feltennie - ennyi az egész.

Olyan vagyok, mint egy kutya a csonttal, ha a facilitációról van szó. Szeretem szétszedni, jobbra-balra széttépni, és eloszlatni a problémát - és a lehető leghamarabb kivinni onnan valami újba.

Kezdjük tehát ezt a fejezetet néhány további kérdéssel.

Szeretne több készpénzt?

Szeretne kevesebb pénzt?

Nagyon jómódú családból származik?

Tényleg pénzügyileg nehéz, konfliktusos családból származol?

. . .

A világszerte tartott workshopjaimon a legtöbben felemelik a kezüket erre az utolsó kérdésre. Mindenki valamilyen konfliktusból, küzdelemből vagy problémás helyzetből származik a pénzzel kapcsolatban. Ez a legtöbb ember tapasztalata, meghatározása, perspektívája és megértése a pénzzel kapcsolatban.

Itt az ideje, hogy kinyissuk az ajtót egy új lehetőség előtt.

A pénz témájához rengeteg kivetítés, ítélet, elválás, elvárás, neheztelés, elutasítás és megbánás kapcsolódik. Ezek a pénz körüli energiák színezik azt, amiről a pénz energiája valójában szól.

Az én nézőpontom szerint a pénz energiája a szabadságról, a terjeszkedésről és a tudatosságról szól. A fényről, a teljességről és annak az egyedi ajándéknak és képességnek a szabadságáról szól, hogy a világban legyél, és hogy az legyél a világban, és csináld azt, amit csinálsz, amit szeretsz csinálni, ami könnyű és szórakoztató számodra. És ami a legfontosabb, hogy kint vagy a világban, ahol a veled való együttműködésre egyedülállóan alkalmas emberek jönnek hozzád, fogadnak téged, és te pedig fogadhatod őket, és együttműködhetsz a nevükben.

A pénz a szabadság és a tágas lehetőség, hogy ezt a valóságot aszerint változtassuk meg, ami számunkra világos, helyes és szórakoztató. Mi szeretnél lenni és mit szeretnél tenni, ha minden pénzed meglenne, amire vágysz?

Ön mit választana?

Amit az életem során tapasztaltam, hogy nekem könnyű pénzt generálni és teremteni. Az elmúlt néhány évig nagyon nehéz volt, hogy legyen pénzem, és engedjem meg magamnak, hogy következetesen és folyamatosan legyen pénzem, befektetésekkel, utazásokkal, szórakozással, élvezetekkel, és hogy bejárjam a világot.

Tehát a generálás és az alkotás könnyű volt számomra, de a birtoklás, a megtartás olyasmi volt, amit művelnem kellett. Itt jött az első hazugságom a pénzről - hogy csak létrehozni és teremteni tudok, birtokolni nem. Nos, ezt én magam teremtettem meg?

Nem. Apám valóságát utánoztam.

Az apám egy alkoholista által felnevelt szegény fickó volt, aki saját maga által megtermelt multimilliomos volt, de mindent elherdált, mert mindig azt mondta nekem: "Én egy szegény brooklyni fiú voltam. Soha nem vártam, hogy bármit is csináljak. Soha nem érdemeltem meg. Nem volt senkim. Senki sem volt, aki valaha is kedveskedett volna nekem, és én csak azt akarom, hogy nektek (mármint a bátyámnak, a nővéremnek, az anyámnak és nekem) legyen bármi, amit csak akartok, amíg életben vagytok. Azt akarom, hogy mindet elköltsétek, mire meghalok, mert nem érdemlem meg."

Magának semmit sem birtokolhatott, de bárkinek bármit adhatott magából. Ezért volt igazán nagylelkű. Bármikor, amikor meccsre mentünk, azt mondtam: "Apa, gyere, ülj le mellénk. Gyere ide."

"Nem, ti gyerekek érezzétek jól magatokat. Én jól érzem magam. Szeretem, ha boldog az arcotok" - mondaná. Fényképeket készített, és minden ilyesmit csinált. Volt ez a szomorúság, hogy jó volt, hogy ott volt, és hogy mindezt megtette, de gyerekként nagyon vágytam rá, hogy ott legyen, hogy élvezzem az egészet, nem csak a "pacsizást" egy gól vagy egy touch down után, vagy azt, hogy "Hé, kell egy sör" vagy "Hé, kell egy hot dog".

Bármi is legyen az az energia, amit a nemlét választása jelent, de a tudat, hogy teremthetsz és létrehozhatsz, ez egy kettős kötöttség. A kettős kötés közepe a pénz. Az egyik oldal: "Nem lehet. Nem érdemlem meg, hogy legyen. Nem vagyok elég jó ahhoz, hogy legyen", vagy ennek valamilyen változata. A másik oldal: "Azt kívánom, hogy legyen".

"Mi mást adhatnék még neked? Hadd tegyem ezt. Hadd csináljam azt."

New Yorkban nőttem fel, és Connecticutban jártam iskolába. A barátaim átjöttek hozzám, és együtt mentünk vissza a főiskolára. Az apjuk azt mondta: "Itt a 20 dollárod", az én apám meg: "Itt van pár száz?".

Annyira zavarban voltam miatta, hogy fogalmam sem volt, hogyan tartsam vagy használjam. Ez volt a legvéletlenebb élmény. Ez tényleg egy gyönyörű történet. Szeretek róla beszélni, mert pont az út mentén van az a hely, ahol a hamvait szétszórtam. Ezért szeretek visszamenni San Franciscóba.

Több mint húsz évig éltem San Franciscóban. Sok éven át volt ott egy klinikám és egy rendelőm. Ez egy nagyon jelentős hely számomra, és ez az első alkalom, hogy ilyen közel voltam ahhoz a helyhez, ahol a hamvait elhelyeztem. Nagyon szép volt itt lenni.

Mindenesetre, határozottan sok pénzt pazaroltam el. Én voltam a pénz hazugságainak királynője.

Azt hittem, hogy "nagyot vagy haza". Ez az egyik dolog, amit a káromra tanított nekem.

A másik dolog az volt, hogy valahányszor pénzt kértem tőle, vagy azt, hogy hogyan teremtsem meg, azt mondta: "Rendben, Lisa. Emlékezz, mit mondtam neked. Csináld azt, amit szeretsz... És ha már itt tartunk, ne is házasodj meg. De ha mégis, akkor ne csináld ezt az ellentétek vonzzák egymást dolgot, mert az nem működik."

Azt mondtam: "Köszi apa."

A lényeg az, hogy amikor pénzt kértem tőle, csak adott. Évekig nem tanultam meg, hogyan lehet nekem magamnak pénzem, vagy hogyan teremtsem és teremtsem meg, pedig többször mondta nekem, hogy ez nem csak a férfiak világa, légy a saját főnököd.

Nagy hatással volt az életemre, és amikor elment, az elég nagy szívás volt. Volt ez a másik furcsa dolog a pénzzel, ami kettős kötöttség volt. Bármit létrehozhatsz, amire vágysz, de én vagyok a forrás. Ő nem ezt mondta, de én ezt értelmeztem, modelleztem és generáltam. Hosszú időbe telt, mire anyagilag a saját hátam mögé kerültem.

Tegyünk egy lépést a végtelen lehetőségek felé, az utunkba kerülő lehetőségek sokasága felé, amelyek fényesek és jók, és arra is, hogy nemet mondjunk, ha valami olyan jön az utunkba, amiről tudjuk, hogy hazugság.

24

___

MUTATÓ UJJAK

Ezt a gyakorlatot már többször is elvégeztük ebben a könyvben, és szeretném, ha még egyszer elgondolkodnátok rajta. Minden alkalommal megkértem, hogy képzeld el, hogy a pénzeddel elmész párterápiára, mit gondolsz, mit mondanál?

Ezt nem teheted!

Ezt nem teheted!

Te ezt vagy azt csinálod!

Nos, látod az első szót, amit mindenki a párterápiára képzel? "Te!"

Tudod, hogy amikor ujjal mutogatsz, akkor leértékeled és megtagadod azt, ami benned igaz. Ez valójában azt az ítéletet hozza létre, amit kívülre vetítesz.

Ha valaki nem boldog a párkapcsolatában, érdemes újra elolvasnia ezt a részt.

Amikor rámutatsz, ítélkezel. És amikor ítélkezel, akkor valójában elveszed azt, ami a tiéd, és nem tartod meg igazságodként, és nem teszel vele valamit, hogy megváltoztasd. Ráfogod a pénzre, a személyre, a kapcsolatra, a munkára, az üzletre, bármi másra.

Mi a célja annak, hogy valaki mást vádolj azzal, amit te magad is teszel? Valószínűleg azért, hogy soha ne kelljen magadba nézned és abba, amit csinálsz? Soha nem kell változtatnod azon, amit teszel, így minden maradhat a régiben azzal, amit te és saját magad teszel. Mindig ugyanaz a történeted lehet: "Nem számít, milyen keményen próbálkozom, soha semmi nem működik nálam. Pedig már megpróbáltam."

Van egy titkos napirended vagy hazugságod, hogy a pénzzel kapcsolatos hiedelmeidet változatlanul tartsd, anélkül, hogy megkérdőjeleznéd őket, és soha nem jutsz el a tükörig, ami te vagy. Ehelyett egy végtelen hibáztató játékot játszol, amelynek nincs hozadéka.

Most pedig hadd mondjak még valamit a pénz második hazugságáról; "mi vagy te?". Számomra az volt, hogy nem volt pénzem, egyfajta zabálás és tisztogatás, apámat használtam forrásként, amikor felnőttem.

Emlékszem, amikor Arizonában éltem, és a mesterdiplomámat szereztem. Egy bentlakásos kezelőközpontot vezettem, ahol 30 dollárt kerestem óránként. Abban az időben a pénzzel és az emberekkel való kapcsolattartásom módja az volt, hogy azt mondtam: "Én fizetek. Gyere ki."

És én pénzt tettem az asztal közepére - nem csak egy 100 dolláros bankjegyet -, és addig mentünk, amíg el nem fogyott a pénz.

Mi voltam én?

Az apám voltam, anélkül, hogy tudtam volna róla.

Aztán kezdtem igazán beleásni magam a pszichológiájába, mert a kapcsolatom csak a pénzen keresztül jött létre. Ha nem lett volna pénzem, senki sem akart volna velem járni, barátkozni, vagy csak velem lenni. Micsoda őrült és alattomos hitrendszer!

Ezt senki sem mondta nekem. Azért hoztam létre, mert apám a maga módján erre utalt. Azt hitte, hogy nem szerethető. Azt hitte, hogy nem érdemel semmit. És én is így gondoltam, újra és újra és újra és újra és újra és újra, éveken át. Így ment ez egészen addig, amíg valami nem történt.

Jól emlékszem arra a napra.

Aznap, amikor megláttam a nullát a bankszámlámon.

Pánikba estem. Sokkos állapotban voltam, és nem volt kit felhívnom, mert túlságosan szégyelltem apámat felhívni a sok pénz után, amit tőle kaptam. Anyámat meg pláne nem akartam felhívni, mert tudtam, hogy olasz káromkodások litániájával végződne, és azon túl.

Mi vagy te?

Újra és újra és újra az apám voltam. Aztán ott volt ez a magány, ami rám tört, még akkor is, amikor bulizni voltunk, vagy bármi más. Már nem volt szórakoztató, mert nem voltam önmagam. Ő voltam, és csak néhányszor lehetsz valami, mielőtt az elméd áramkörei kikapcsolnak, és akkor már nem tudod használni. Ugyanez a helyzet a függőségekkel. Eljutsz egy bizonyos szintre, de aztán a mámor elmúlik, és át kell lépned a következő szintre. A tolerancia szinted változik.

Többre van szükséged, többre van szükséged, és többre van szükséged. Hála Istennek úgy döntöttem, hogy amire nekem többre van szükségem, az az, hogy rájöjjek, ki vagyok és ki vagyok. Úgy kellett döntenem, hogy elengedem, hogy ő legyek. És ez egy egész konzervdoboznyi férget hozott magával. El kellett engednem az üzlet iránti szeretetét? Vajon az üzlet iránti szeretete egészséges volt? És vajon tényleg az én üzletszeretetem volt az, vagy csak utánoztam az övét?

Az ő pénzszeretete vagy az én pénzszeretetem volt az? Miattam vagy miatta kerültem bankba és üzleti iskolába a főiskolán? Pszichológiával kellene foglalkoznom, vagy az üzleti életben kellene dolgoznom New Yorkban, mint a családomnak, igaz?

Valójában ez soha nem történt volna meg. Emlékszem, ahogy kinéztem a hálószobám ablakán, és figyeltem mindenkit - nőket és férfiakat -, akik a vonathoz mentek, mert a vasútállomás közvetlen közelében laktam. És képzeld, mi történt? Senki sem mosolygott a munkahelyén. Megfogadtam magamnak, hogy soha nem vágyom olyan megélhetést teremteni, ahol nem vagyok boldog, hogy a vállalkozásomat csinálom, vagy nem izgulok érte minden nap.

Kik voltak ők?

Egyszer a műhelyemben a beszélgetés a stabilitás és a kiszámíthatóság felé fordult, és az egyik résztvevő felfedte, hogy ő maga is ezeket a tulajdonságokat testesíti meg. Megvizsgáltuk, honnan ered ez a hiedelem, és az anyukájára vezethető vissza. A stabilitást és a kiszámíthatóságot ismertnek és biztonságosnak érezték, a költségvetést fixnek és világosnak.

Mélyebbre ásva, kiderült, hogy ez a hiedelem a résztvevő nyolcéves önmagában gyökerezik. Akkoriban alakult ki, és még mindig ragaszkodtak hozzá. Rájöttünk, hogy a résztvevő valójában a fiatalabb énjét kötelezte arra, hogy kezelje a pénzügyi valóságát. Megvizsgáltuk ennek a megközelítésnek az előnyeit és hátrányait. És bizonyára senki sem szeretné, ha egy gyerek kezelné a pénzügyeit.

A beszélgetés tehát arra irányult, hogy elengedjük ezt a kötelezettséget, és a nyolcéves gyermeknek adjunk egy végkielégítést a szórakozás, a szabadság és a felnőtt felelősségvállalás terén. A szoba energiája felderült, ahogy a résztvevő átölelte az új, felhatalmazott pénzperspektíva lehetőségét.

Az anyjuk pénzügyi megközelítésének stabilitásának és kiszámíthatóságának homlokzata mögött a félelem és szorongás áradatát fedeztük fel. A résztvevő tudtán kívül internalizálta ezeket az érzelmeket, és tévesen biztonságként címkézte őket.

Ez a felismerés mélyreható perspektívaváltáshoz vezetett - a gyermekkori pénzhorgonyoktól való megszabaduláshoz. A résztvevő kezdte megérteni, hogy a pénzügyi valóságuk nem is olyan szörnyű, mint gondolta. Ez egy átalakító pillanatot jelentett, amely megnyitotta a pénzzel való egészségesebb kapcsolat lehetőségét.

Szóval, kérdezd meg magadtól? Hagyod, hogy a gyerekönmagad irányítsa a bankodat? Vagy te vagy a főnök?

25

BRILLIANCIA A PÉNZZEL

Mi van, ha úgy sétálsz ki innen, hogy nem marad más, csak te és az a tér, amiben te vagy?

Ha lenne egy varázspálcád - és te lennél önmagad, mit választanál most?

Megcsinálnád a saját költségvetésedet, vagy megkérnél valakit, hogy működjön veled együtt, és mutasson neked valamit, ami számára szórakoztató?

Találtam egy nőt, aki szereti a számokat, és számokban beszél hozzám. Mindent világossá tesz számomra az összes számlámmal és mindennel kapcsolatban, és rávett erre az egész QuickBooks online dologra. Ez fantasztikus. Ez a szűkület csak úgy kinyílt.

És kezdem magam olyan tágasan generatívnak érezni, csak mert tudom, hogy mindent ő intéz helyettem, és hogy beszélhetek vele erről. Így amikor kér valamit, izgatottan mondom: "Igen, itt van", vagy amikor azt mondja: "Ezt nézd meg", én meg: "Igen, csináljuk meg".

Van ez az izgalom, míg miután apám meghalt, és már nem ő volt a forrásom, teljesen megrémültem. Nem tudtam, mit tegyek. Először kellett megteremtenem a saját pénzügyi valóságomat.

Ma elégedett vagyok azzal, ahol vagyok, a megfelelő energia által vezérelve.

Rögtön tudom, ha ez egy "Nem, takarodj innen, vissza sem hívlak".

Tudom, ha van egy üresedés, és azt mondom: "Ez az én anyagom. Határozottan szükségem van rá vagy rá."

Érted, mire gondolok? Most már tudom. Akkor még nem tudtam, mert apám hitrendszerében éltem.

Tehát, ha ennek elolvasása után egy kicsit könnyebbnek, tágasabbnak és szabadabbnak érzed magad, nagyszerű. Ha szörnyen érzed magad, és úgy mész ki innen, hogy "Ó, a francba. Van még mit elintéznem", nagyszerű, mert akkor legalább elismered a hazugságokat.

Ki vagy te? Mi vagy? Milyen hazugság(ok)nak hiszel? Ne feledd, a ki általában valaki, a mi pedig egy energia. A hazugság pedig egy olyan hiedelem, amelyet vagy az a valaki, vagy az az energia táplált beléd, és amelyet még mindig igaznak érzékelsz.

Nagyon sok kulturális akadálya van annak, hogy a pénzügyi valóságotok is rendbe jöjjön. Hadd osszam meg egy másik interakciót a Lies of Money workshopomról. Szóval, a pénzről beszélgettünk, és a hangulat kezdett érdekessé válni. Hirtelen egy orosz résztvevő ledobta ezt a bombát: "Rossz dolog, ha van pénzünk." Elhatároztuk, hogy eljátszunk vele, és elmondjuk angolul, majd oroszul. Meglepő módon az orosz változatot könnyedebbnek, izgalmasabbnak éreztük.

Megvizsgáltuk, hogy a kulturális nézetek hogyan alakították a pénzzel kapcsolatos meggyőződéseket. Kiderült, hogy az orosz szemléletet szabadabbnak érezte a résztvevő. Aztán rátaláltunk valami nagy dologra - arra az elképzelésre, hogy a "gonosz" nem más, mint a "live" visszafelé írva. Valamire rájöttünk.

A résztvevő az orosz közösségükben a pénz körüli negatívitásról mesélt. Ez frusztráló volt. Feltártuk azt a hiedelmet, hogy a pénz gonosz, és mély konfliktust fedeztünk fel. Rájöttek, hogy megragadtak abban, hogy igazolják, hogy nem igazán élnek, mint az anyjuk, és ez nem volt jó.

Ez a beszélgetés rávilágított arra, hogy a pénzzel kapcsolatos hiedelmek, a kultúra és a személyes tapasztalatok hogyan keveredtek össze. Az én feladatom az volt, hogy olyan kérdéseket tegyek fel, amelyek elgondolkodtatják őket. A cél? Segíteni nekik, hogy a pénzt új, erőt adó fényben lássák.

Ez a beszélgetés megmutatta, hogy ha megkérdőjelezzük, mit gondolunk a pénzről, az felszabadíthat bennünket. Ez egy utazás a gazdagsággal való jobb kapcsolat felé. És bebizonyította, hogy a pénzről alkotott kép megváltoztatása ajtókat nyithat a nagyobb bőség és boldogság felé.

Ahogy visszatekintek a beszélgetésünkre, ez emlékeztet arra, hogy miért vagyok itt - hogy segítsek az olyan embereknek, mint a résztvevő, kiszabadulni a régi pénzzel kapcsolatos gondolkodásmódból, és egy fényesebb, izgalmasabb jövőbe lépni.

Hány ilyen hiedelmet hallottál már: Hogy a pénz gonosz? Nem tudsz túllépni az életben elfoglalt helyeden? Ha többet keresel, mint a családod, száműznek vagy száműznek? Vagy nem fognak többé szeretni, ha több pénzed van, mint a barátaidnak vagy a családodnak?

És mennyi az, ami te vagy, hogy lemondasz a pénzügyi érzékedről valamiért, ami még csak nem is te vagy?

Mert ha megkérdezném tőled, az elméden és a tényleges bankszámládon túl, tudod-e, hogy zseniálisan bánsz a pénzzel?

Valaki nem tudja ezt? Az igazság?

Semmi baj, nem fogsz bajba kerülni. Mondd, hogy "zseniálisan bánok a pénzzel".

És ha tétovázol, akkor mikor szűntél meg zseniálisnak lenni? Ki vagy, amikor abbahagytad? Mi vagy te? Mi vagy, amikor abbahagytad? Milyen hazugságnak hiszel?

Mert a helyzet a következő. Ha valamikor briliáns voltál a pénzzel, akkor most is briliáns vagy a pénzzel. Csak el van rejtve.

Kicsit úgy hangzik, mint egy összeesküvés-elmélet, de ez csak egy módja annak, hogy elrendezzék a valóságotokat és lent tartsanak benneteket. Ez az, amit ez a valóság tesz. Bezár téged egy dobozba és megszabadul tőled. Olyan ez, mint azok a gyerekjátékok, amikkel játszottatok, amikor elkezdtétek tanulni a köröket és a négyzeteket, és fogtátok a kört, és megpróbáltátok belecsapni a négyzetbe. Ez olyan, mint a "a pénz gonosz" és a "nem tudok bánni a pénzzel". És ezt mondogatod újra és újra és újra és újra és újra, de a kör soha nem megy bele a négyzetbe, mert te vagy a kör. A kör azért megy a körbe, mert te vagy zseniális. Te vagy a kör.

Van értelme? Szóval, zseniálisan bánik a pénzzel?

Igen? és feladnál egy fokot is abból, amit nem akartál.

Bármi legyen is az az érzés, ami feladja, szörfölj rajta, mintha egy hullámon szörfölnél az óceánban. Lélegezz a szádon keresztül. Érzelem, energia mozgásban.

Együtt dolgozom ezzel a briliáns részvénykereskedővel, aki rengeteg pénzt keres Ausztráliában. Aztán történt valami, és hozott egy rossz "döntést", majd ezt követően minden döntése rossz volt, egészen addig a pontig, hogy majdnem mindent elvesztett, és ki kellett szállnia, hat hónap szabadságot kellett kivennie, és rengeteg személyes munkát kellett végeznie, hogy visszanyerje az önbizalmát.

Lesújtó volt - lesújtó volt számára és a felesége számára. Mindketten kereskedők voltak, és azonnal nem is hallották vagy érzékelték többé a ragyogásukat. Eltűnt.

Amikor valami ilyesmi történik, bármilyen okból, mert nem számított a történet, és újra és újra és újra elkezded választani annak az ellentétét, aki vagy, elkezded ténylegesen elhinni annak az ellentétét, aki vagy. Elfelejted, hogy egymillió dollárt kerestél, vagy hogy sikeres voltál. Nem csak a pénzzel, hanem mindennel. És számomra ez a legnagyobb visszaélés ezzel a valósággal.

Elveszi az összes csodálatos tulajdonságunkat, csak azért, mert te vagy, és kiforgatja és elferdíti valami mássá, ami még csak nem is hasonlít rád. Aztán belenézel a tükörbe, és azt kérdezed: "Ki a fasz vagy te?" Aztán azt mondod: "Ó, igen, ez én vagyok. Hadd másszak be a lyukamba. Szánalmasan fogok élni."

Nem kell húsz év terápia ezekkel az eszközökkel. Hidd el, tudom, hogy megszabadultam néhány dologtól. Tudom, milyen az, amikor olyan dolgokra nézel, amiket soha többé nem akarsz nézni, érezni, ízlelni vagy szagolni.

Mégis tudom, hogy amikor megnézem, felhatalmazást kapok, mert most már teljesen világos és tudatos választásom van. Az ember dönthet úgy, hogy figyelmen kívül hagyja vagy elfelejti a választást, de ez nem veszi el tőle a választás erejét.

Mindig szórakoztató lesz? Nem.

Néha olyan íze lesz, mint az epének? Igen. Csak egy kis ideig lesz epés íze? Igen.

Nem kell további húsz évet azzal töltened, hogy olyasvalaki legyél, aki nem vagy, és megteremtsd az antiénedet. Ma és mostantól kezdve minden napot azzal tölthetsz, hogy te vagy. Legyél te, a valódi éned, a lelked lenyomata - ez a ragyogás mindannyiunkban benne rejlik.

Rendben lenne, ha a tested nem lenne többé a gyűjtögető tárolóedénye mindenki másnak a pénzre való hajlandóságuk hiánya körüli ítélkezésnek? Mondj hangosan igent, ha igen...

Tehát, amikor az emberek ezt csinálják körülötted, és érzed, hogy piszkálnak téged, akkor azt mondhatod: "Ne rakd rám a szarságaidat, én választom meg a pénzügyi valóságomat."

Ez olyan, mint a szupererő pajzsod.

Soha, soha, de soha ne tagadjátok meg, és ne veszítsétek el azt, amit ajándékba kaptatok, és amit magatoknak teremtettetek. Ebben a valóságban az elfogadás képessége, különösen a pénzzel kapcsolatban, olyan szinten, amire a legtöbb ember törekszik, de soha nem éri el.

Több olyan lényre van szükségünk, mint ti, hogy megkapjuk és elérjük a visszaélésektől - beleértve a pénzügyi visszaéléseket is - megszabadított világot.

Tehát, továbbra is legyen pénzed, és továbbra is engedd meg az embereknek, például a barátaidnak, hogy valóban megismerjék, legyenek, fogadják és érzékeljék a különbséget és az egyedülálló képességedet. Ez egy ajándék.

A partnerem pénzből származik, pénzzel gazdálkodik, és sok pénze van. Soha, de soha, de soha nem volt pénz nélkül.

Ott volt az apám, és volt pénzünk, de én mindig dolgoztam a pénzért. Fiatal korom óta dolgozom. Volt egy csomó bántalmazás is, egy csomó történet.

Van egy modellkedési múltam, ami tele volt pornográf dolgokkal abban az ügynökségben, ahol dolgoztam. Ez túl hosszú történet ahhoz, hogy most belemerüljek, de sok mindenem volt a pénzzel és a pénzzel kapcsolatban. Nem akartam, mert ez visszaélésekkel és ilyesmikkel volt kapcsolatos. Fizetést kaptam valamiért, amiért soha nem láttam a pénzt.

Tehát az, hogy vele voltam és megtanultam, hogyan lehet pénzem, pragmatikusan tanúja voltam a zsenialitásnak, olyan módon szivárgott be a valóságomba, hogy több pénzt tudtam gondolni, érezni, tudni, lenni és kapni - és jobban tudtam döntéseket hozni a pénzzel kapcsolatban, egyszerűen azáltal, hogy a jelenlétében voltam, tanúja voltam és figyeltem, egészen odáig, hogy "nem fogok Wi-Fi-t kapni a repülőn, mert az 7 dollár pluszba kerül".

És azt gondolom: "Oké, ha valaki, akinek pénze van, nem akarja ezt csinálni, akkor mi az? Tényleg, mi az?" Ez nem egy ítélet - nem olyan, mint "Ő fukar".

Tényleg meg kell néznem mindezt, és meg kell kérdeznem: "Rendben, első osztályon vagy business osztályon kell utaznom mindenhová? Szereti a testem?"

Ez a sok különböző dolog, amit miatta tanultam.

Szóval, ki lennél most, hogy tudod, hogy megteremtheted a pénzügyi valóságodat? Ki lennél? Mit csinálnál, és mennyit termelnél és teremtenél? Az igazságot?

Amikor ma leteszed ezt a könyvet, írj le 25 dolgot arról, hogy mi a pénzügyi valóságod. Aztán a következő harminc napban minden nap teremtsd meg. A következő harminc napban tegyen egy-egy lépést ennek megteremtésére. Tegyen egy másik cselekvést, teremtse meg a következő harminc napra.

Légy önmagad, kötelezd el magad, válassz téged, és működj együtt az univerzummal, amely összeesküvést szőtt az áldás érdekében, majd ebből kiindulva teremts. Ezt nevezem én radikális elevenségnek. Erről többet megtudhatsz a másik két könyvemben – *"Radikális Elevenség a Bántalmazáson túl"* és *"Teremtés a Bántalmazás után"*.

26

TÖRJÜK MEG A RENDSZERSZINTŰ HAZUGSÁGOKAT

Ahogyan egyéni szinten elmondjuk ezeket a hazugságokat, úgy érezzük a hazugságokat rendszerszinten is. Érdekes módon a San Franciscó-i workshopom egyik résztvevője rámutatott,

"Van egy hazugság, amikor az amerikai dollárrendszerben vagy. Szükségünk van pénzre, és használjuk a pénzt, de a valuta, amit létrehoznak, és amiből folyamatosan többet nyomtatnak a Federal Reserve és a kincstár miatt, valójában csalás, amit ellenünk követnek el, mert eladósítják a jövőnket és a következő generációnk jövőjét. A kiadások elszabadulnak a kezünkből. Több billió dollárnyi adósságunk van.

Mi az, amihez az energia kapcsolódik, ahol ezt a papírdollárt kapjuk a munkánkért, egy váltót, de ez hazugság. 1971-ben ez az aranystandardhoz kapcsolódott. De ezt megzavarták, és úgy nyomtatnak pénzt, mintha senki sem tudná, és most a világ egy olyan pontján vagyunk, ahol...".

Tudtam, hogy mit mond, sok igazság van benne. De az aggasztó pont az volt, hogy mennyire testesítette meg azt, amit mondott, mint ellenállást és reakciót a pénz fogadásával és a bankszámláján való megjelenéssel szemben?

Így használta fel ezt az elkövetést saját maga ellen.

Még ha igazat is mondott, valójában az elkövetés részévé vált azzal, hogy nem engedte meg magának, hogy megkapja, ami az övé, és amit hozzá tudna tenni ennek lebontásához, a világ megváltoztatásához, a Monsanto megszabadulásához, ha lenne pénze.

Megszüntetjük és felszámoljuk a visszaéléseket ezen a bolygón azáltal, hogy rendelkezünk a pénzzel és felhasználjuk azt a valóság megváltoztatására. Ha nem kaptok. A probléma részévé válsz, nem pedig a megoldásé.

Körül kell néznünk, és a változás ügynökeinek kell lennünk az életünkben. Számomra a pénzügyi való-ságom gondoskodik a testemről. Ez egy igazán nagy munka volt, hogy a testemre figyeljek. A pénzügyi valóságom van. A tíz százalékom háromszor három számla: test, üzlet és önbecsülés számla. Az ötlet az, hogy minden megkeresett és elköltött dollár harminc százalékát megtakarítsd - megkapd - egy külön számlára a test, az üzlet és az én számára.

Az anyagi realitásom azt jelenti, hogy a világ minden tájára elutazom, ahová csak meghívnak, hogy órákat tartsak. Az én anyagi valóságom egy Voice America rádióműsort csinál, ami egy szerelmi munka, ami valahol harmincezer és ötvenezer dollár között van évente. Ez egy ingyenes forrás, mert tudom, hogy amikor felhívnak Dubajból, Pakisztánból, Indiából, Ausztráliából, Hongkongból, Izraelből vagy bárhonnan, és egy embert segítek ki a bántalmazás ketrecéből a radikális elevenség felé - a traumatikusból orgazmikusan élővé válva -, akkor tudom, hogy megérintettem azt a földet és azt az országot.

Tudom, hogy az internet mindenhol elérhető, és nem fogok leállni, amíg ez még mindig a pénzügyi valóságom része.

Mennyi az, amit mondtam, a pénzről szól? Ez a fejezet arra emlékeztet, hogy teremtsd meg a valóságodat. Ez a könyv arra szolgál, hogy ajándékként fogadd el magad. Pénzügyileg önmagad ajándékként való elfogadása az önszeretet egy formája. Az önszeretet a pénzügyi valóságom megmentője. Azért dolgozni, hogy legyen, kapjak, megtakarítsak, garantáljak és megteremtsem az egész valóságomat hitelességből és őszinteségből, ez a legmagasabb célom a spirituális életemben. És őszintén szólva, azt választom, hogy Radikálisan Élve élek, szabadon minden olyan korlátozástól, ami soha nem volt az enyém. Mi a helyzet veled, kedves olvasó? Milyen a te pénzügyi valóságod?

Nagyon köszönöm, hogy időt szakított rám. Azoknak, akiket először érintettem meg, köszönöm, hogy olvastatok. Azoknak, akiket már nagyon jól ismerek, köszönöm. Értékelem az időtöket. Értékelem a figyelmeteket. Értékelem önöket.

Remélem, hogy ezt eredményesnek találtad. Remélem, hogy hozzájárultam az Ön számára, és határozottan remélem, hogy hallani fogom a véleményét erről az olvasmányról.

Légy Te! Mindenen túl! Create Magic! és Go, Be, Create!

UTÓSZÓ

A bevezetőben azt mondtam, hogy egy aranybánya van a kezedben, és remélem, most már látod, hogy miért.

Az igazság az, hogy egyszerűen nincs okod arra, hogy ne teremtsd meg a vágyott pénzt, ha van bátorságod és hajlandóságod a saját pénzügyi valóságod "motorház-teteje" alá nézni. És ebben a könyvben megmutattam neked egy utat, és eszközöket adtam a kezedbe, hogy elkezdhesd a pénz három hazugságának vizsgálatát.

Az első hazugság az, hogy a pénz az isten, és te kevesebb vagy, mint ő.

A második hazugság az, hogy a pénz az elkövetőd, az örök börtönőröd, és nem lehet a tiéd.

A harmadik hazugság az, hogy a pénz probléma.

És bár ez korántsem az összes hazugság a pénzről, ahhoz elég, hogy elkezdje.

Ne feledd, hogy csak egy fokot kell eltolnod, igaz?

Biztos vagyok benne, hogy észrevetted, hogy sok-sok mélyreható kérdés van, amit feltehetsz magadnak, hogy kibogozd, amit a pénz körül csinálsz, és remélem, hogy ezeket feltetted magadnak az olvasás során, vagy megjelölted őket, hogy újra visszatérj hozzájuk.

(Ha azonban nem, vagy úgy érzed, hogy több segítséget szeretnél ebben, nézd meg a Függeléket, ahol felsoroltam más elérhető forrásokat. Rengeteg van belőlük, és mindegyik arra szolgál, hogy segítsen neked áttörni a saját ROAR®-odba - a radikálisan, orgazmikusan, élettel teli valóságodba).

Amikor elakadsz, és ki akarsz sétálni belőle, kezdd el feltenni magadnak ezt a három alapvető kérdést:

- *Ki vagyok én?*
- *Mi vagyok én?*
- *Milyen hazugságot veszek be, amit igazzá tettem?*

Aztán, ahogy felfedezed magadnak az igazságot, és felszabadítod az energiádat, a "4 C" segítségével akarsz majd előrehaladni az életedben:

- *Elkötelezem magam neked*
- *Válasszon az Ön számára*
- *Az Univerzum összeesküszik, hogy megáldjon téged, és együtt akar működni veled.*
- *Create You*

Ha egyszer elkezditek azt választani, ami világos és közvetlenül előttetek van - és követitek ezt az energiát -, a pénz követni fog titeket, mert az bennetek van.

Szóval, ahogy a többieknek is mondtam...

Kihívlak, hogy legyél a két lábon járó, beszélő cunami vagy földrengés, amely megváltoztatja a valóságot pusztán a puszta jelenléteddel, hogy legyél a ROAR® (Radically Orgasmically Alive Reality).

Légy önmagad, mindenen túl, és teremts varázslatot.

DR. LISÁT!

Dr. Lisa Cooney, a személyes átalakulás úttörője!

Engedéllyel rendelkező házasság- és családterapeutaként, Théta Mestergyógyítóként és mindenre képes dinamóként ő az agya a Éld meg az Üvöltésed! Légy Önmagad! Mindenek Felett! Varázslatot Létrehozása! Dr. Lisa számtalan lelket vezetett el a nehéz időkből, például a gyermekkori küzdelmekből a "Radically Orgasmically Alive Reality" (ROAR®) átöleléséig.

Pszichológiából doktorált, és egy táska tele van extra hétköznapi ajándékokkal, beleértve a reikit, a théta gyógyítást, a termometriát, a légzésterápiát, a pszichodrámát, az álomterápiát, a szociálisan elkötelezett spiritualitást, a szívközpontú hipnoterápiát és a sámánizmuson alapuló mélyhipnózist, Dr. Lisa hitelesített szakértő.

Dr. Lisa varázsereje saját gyógyulási útjából ered, amikor nem csak a gyermekkori bánatán emelkedett felül, hanem egy életveszélyes betegséget is legyőzött. Átalakító tanításainak középpontjában négy arany alapelv áll: Válassz magadnak, Kötelezd el magad, Működj együtt a kozmikus áldásokkal, és Teremtsd meg a vágyott életet - lényegében a 4 C-t a ringató átalakuláshoz.

A világszerte keresett guru, Dr. Lisa világszerte tart tanfolyamokat, workshopokat és magával ragadó előadásokat. Dr. Lisa, aki a lendületes "Megkapom!... bármi is legyen!" mantrájáról ismert, megtanítja az embereknek, hogyan lovagoljanak a mágikus és kreatív energia hullámain, hogy az életük ne csak könnyű és helyes, hanem egyenesen elragadó legyen.

Élénk jelenlétét saját műsorában is megtalálod a Voice America Empowerment Channel-en, ahol hetente több ezer lelkes hallgatóval lép kapcsolatba. Más, nemzetközileg is sikeres könyveit is olvashatod, köztük a *Radically Alive Beyond Abuse* (*Radikális Elevenség a Bántalmazáson túl*) és a *Creating After Abuse* (*Teremtés a Bántalmazás után*) című eket.